Albert Einstein / Mileva Marić

Am Sonntag küss' ich Dich mündlich

Die Liebesbriefe 1897–1903

Herausgegeben und eingeleitet
von Jürgen Renn und Robert Schulmann

Mit einem Essay »Einstein und die Frauen«
von Armin Hermann

Mit 11 Abbildungen

Piper
München Zürich

Die Originalausgabe erschien unter dem Titel »The Love
Letters« 1992 bei Princeton University Press, Princeton,
New Jersey.

Herausgeber der deutschen Ausgabe: Armin Hermann.
Das Vorwort von Martin J. Klein, die Einleitung und die
Anmerkungen wurden von Heike Nowotny und Armin
Hermann aus dem Amerikanischen übersetzt.

Die Phantasie eines Knaben ist gesund, und die reife Phantasie eines Mannes ist gesund; dazwischen aber liegt eine Spanne Leben, in dem die Seele in Gärung ist, der Charakter ungefestigt, der Lebensstil unentschieden, das Ziel unklar: Daraus erwachsen Mitgefühl und all die tausend Bitternisse, die jene Menschen, die ich meine, zwangsläufig spüren müssen, wenn sie die folgenden Seiten lesen.

JOHN KEATS,
VORWORT ZU ENDYMION (1818)

Inhalt

Vorwort zur deutschen Ausgabe

Seit 1987 erscheinen bei der Princeton University Press die *Collected Papers of Albert Einstein*. Editionsprinzip ist die Wiedergabe jedes Dokumentes in der Originalsprache, d. h. in den weitaus meisten Fällen in Deutsch. Nur die Kommentare und Annotationen sind in Englisch.

Der Verlag und die Herausgeber der Einstein-Edition haben 1992 in einer gesonderten Publikation die Liebesbriefe von Albert Einstein und seiner ersten Frau Mileva in englischer Übersetzung herausgebracht. Das deutsche Pendant ist das vorliegende Büchlein.

Übersetzt wurden natürlich nur die ursprünglich in englischer Sprache geschriebenen Texte, d. h. das Vorwort von Martin J. Klein, die Einleitung der Herausgeber Jürgen Renn und Robert Schulmann sowie der Anmerkungsapparat. Der Hauptteil, d. h. der deutsche Originaltext des Briefwechsels zwischen Albert Einstein und Mileva Marić, ist aus der Edition übernommen. Minimale Korrekturen gegenüber der Vorlage (offensichtliche Verschreibungen und die Interpunktion betreffend) sollen der leichteren Lesbarkeit dienen. Ergänzungen der Herausgeber sind, wie üblich, mit eckigen Klammern kenntlich gemacht. Die in leicht fehlerhaftem Deutsch abgefaßten Briefe Milevas blieben unkorrigiert. Wem es um Fragen der Rechtschreibung geht, der sei auf die Edition verwiesen. Auch in den Anmerkungen wurden geringfügige Korrekturen vorgenommen.

Die englische Ausgabe der Liebesbriefe Albert Einstein/Mileva Marić wendet sich in erster Linie, wie es scheint, an den Wissenschaftshistoriker und den Physiker. Jedenfalls sind die Einleitung der beiden Herausgeber und ihre Annotationen entsprechend abgefaßt. Wir erhoffen uns für die deutsche Ausgabe das Interesse eines größeren Kreises und stellen uns vor, daß der Leser, der eine Vorstellung von Einsteins Größe und Bedeutung besitzt, auch wissen will, was für ein Mensch er gewesen ist und in welcher Gefühlswelt er gelebt hat. Deshalb haben wir den Essay »Einstein und die Frauen« hinzugefügt.

Noch vor zehn Jahren hätte ein solcher Aufsatz nicht geschrieben werden können. Albert Einstein und Mileva Einstein-Marić haben ihre persönlichen Gefühle und Probleme mit Diskretion behandelt. Auch später wurde von den Nachkommen und den Nachlaßverwaltern dafür gesorgt, daß nichts an die Öffentlichkeit drang. Es sind zwar schon früher Briefe Einsteins an Kollegen und Freunde ediert worden, z. B. *Einstein/Besso 1972**, aber viele persönlich relevante Stellen mußten fortgelassen werden.

Erst jetzt wird durch die Einstein-Edition der Mensch hinter dem Gelehrten sichtbar. Es ist also auch kein Zufall, daß Biographien inzwischen eine gewisse Konjunktur haben. Wir benutzen die Gelegenheit, den Leser auf die unsere hinzuweisen, die im Sommer 1994 im Piper Verlag erscheinen wird.

Stuttgart, im Oktober 1993   *Armin Hermann*

---

* Diese Kurztitel verweisen auf das Literaturverzeichnis S. 205. Siehe auch den Hinweis im Anmerkungsteil S. 173.

Vorwort

von Martin J. Klein*

Diese Briefsammlung stellt uns einen Einstein vor, der uns bisher unbekannt war. Der vertraute Einstein, dessen Bild man überall in der Welt sofort erkennt, ist der große Weise, der die letzten zwei Jahrzehnte seines Lebens in Princeton verbrachte, wo er an seiner nie vollendeten einheitlichen Feldtheorie arbeitete und gleichzeitig eine Vielzahl mutiger Aktionen unterstützte, um die Rationalität in einer Welt zu bewahren, die diese so bitter nötig hat. Der Einstein, den die Wissenschaftler kennen und der sich zu diesem Patriarchen entwickelte, ist derselbe junge Mann, der zwischen 1905 und 1925 viel von der begrifflichen und theoretischen Struktur geschaffen hat, auf der die Physik unseres Jahrhunderts gründet. Hier aber haben wir einen jungen Mann vor uns, der gerade dabei ist, Albert Einstein zu werden, und der aus diesem Grunde ein überaus interessanter junger Mann ist.

Als der Briefwechsel 1897 beginnt, befindet sich der achtzehnjährige Einstein im zweiten Studienjahr an der Eidgenössischen Polytechnischen Schule, der späteren ETH. Er ist erfüllt von dem, was er lernt, und brennt darauf, seine Ideen und Gedanken mit seiner Kommilitonin Mileva Marić zu teilen, für die er sich ernsthaft zu interessieren beginnt. Als sich ihre Beziehung entwickelt und vertieft, schreibt er ihr unbefangen und offen über vieles, was in ihm vorgeht: über seine Gefühle für sie, seine Familie, über sich selbst und seine Gedanken, über das Leben in seiner unmittelbaren Umgebung und das

---

* Martin J. Klein ist emeritierter Ordinarius für Wissenschaftsgeschichte an der Yale University und Senior Editor der *Collected Papers of Albert Einstein.*

Leben, das er mit ihr führen will. Da Mileva zumindest ein Stück weit seine wissenschaftlichen Interessen und die Liebe zu seinem Forschungsgebiet teilt, erzählt ihr Einstein auch von seiner Lektüre und von den wissenschaftlichen Ideen, die durch diese Lektüre angeregt, herausgefordert und freigesetzt wurden. Wir lernen Mileva auch durch ihre eigenen Briefe kennen und entdecken ihre Reife, Unabhängigkeit und Kraft, die Einstein zu dieser Zeit so sehr an ihr geschätzt hat.

Während der sechs Jahre, über die sich diese Korrespondenz erstreckt, haben Einstein und Mileva viel gemeinsam erlebt. 1903 heiraten sie; sie ist schwanger, und Einstein, der eine feste Stelle am Eidgenössischen Patentamt hat, will »vorwärts kommen«, damit sie »nicht darben müssen« (Brief 54). Seine wissenschaftlichen Arbeiten nahmen bereits Gestalt an und sollten in Kürze in den großen Werken von 1905 ans Licht der Öffentlichkeit treten; sie hatte offensichtlich ihre beruflichen Pläne aufgegeben. Trotz der in diesen Briefen manifesten Versprechen sollte die Ehe nicht viel länger als zehn Jahre halten.

Auch wenn man die Briefe nur flüchtig liest, erweisen sie sich als eine ergiebige Quelle, die unsere Kenntnis von der Entwicklung Einsteins erweitert. Die gehaltvolle, anregende Einleitung von Jürgen Renn und Robert Schulmann stellt die Briefe in einen größeren Zusammenhang und zeigt, wie sie auch für Gelehrte zu einer Fundgrube werden können.

Richard Ellmann schrieb einst: »Der vom Willen gesteuerte Reifungsprozeß, der große Werke hervorbringt, dürfte wohl kaum alle seine Geheimnisse preisgeben.«[1] Er hat dabei an literarische Werke gedacht, aber seine Bemerkung paßt ebensogut auf die Wissenschaft. Ein Briefwechsel wie der hier vorgelegte trägt jedenfalls ein gutes Stück dazu bei, daß wir erkennen, wo dieser »gesteuerte Reifungsprozeß« seinen Ursprung hat.

Einleitung

von Jürgen Renn und Robert Schulmann

Die Veröffentlichung von Liebesbriefen weckt zwangsläufig beim Leser zahlreiche Erwartungen und bei Herausgebern und Verlegern Bedenken, sie könnten die Intimsphäre der Verfasser verletzen. Solche Briefe können dem Leser einerseits Einblick in vergangene Vertraulichkeiten und Leidenschaften verschaffen, sie sind andererseits aber vielleicht auch nur unverständliche Überbleibsel längst verblaßter Gefühle und Erlebnisse, oder sie enthüllen möglicherweise ein in Routine erstarrtes, hinter der Maske gefühlvoller Phrasen verstecktes Leben. Wenn man jedoch Glück hat, wie im Fall der Korrespondenz zwischen dem jungen Albert Einstein und Mileva Marić, führen Liebesbriefe den Leser zu den Anfängen der emotionalen und geistigen Entwicklung der Partner, über die sonst keine anderen Quellen Auskunft geben.

Die Briefe in diesem Band zwingen uns dazu, unser Bild von der frühen Beziehung zwischen Albert und Mileva und von ihrer gemeinsamen physikalischen Lehrzeit zu revidieren. Obwohl die Einblicke in ihre Beziehung auf die relativ seltenen Anlässe beschränkt sind, bei denen eine Trennung des Liebespaares zu einem Briefwechsel führte, werden zahlreiche Themen angeschnitten, die uns einen Eindruck von ihren gemeinsamen Interessen geben. Dabei überrascht es, in welchem Maß Mileva – die man für gewöhnlich nur als nebensächlichen Schatten in Alberts frühen Jahren sieht – seine wissenschaftliche Begeisterung und seine Interessen teilt. Auf den ersten Blick versprechen die hier vorgelegten vierundfünfzig Liebesbriefe, die Geheimnisse um Milevas Persönlichkeit und ihre Rolle in dem sich entwickelnden Gebiet der theoretischen Physik zu offenbaren. Bei genauerer Betrachtung sind wir jedoch enttäuscht von der geringen Anzahl ihrer Briefe – nur elf der insgesamt vierundfünfzig. Aller Wahrscheinlichkeit nach hat Albert einige ihrer Briefe achtlos weggeworfen. Von Anfang an fällt uns auch die Ungleichheit im Tonfall der Liebenden auf: die seine selbstsicher, ausdrucksfähig, meisterhaft in der Beherrschung der deutschen Muttersprache; die ihre oft zurückgenommen, bescheiden, unsicher in einer ihr als Serbin fremden Sprache – was zwangsläufig unser Verständnis der Beziehung beeinträchtigt. Bruchstückhaft und persönlich, wie sie sind, machen die Liebesbriefe es uns nicht leicht, Milevas rätselhafte Persönlichkeit zu entschlüsseln. Die familiären Wurzeln und der kulturelle und gesellschaftliche Rahmen, in dem diese außergewöhnliche junge Frau, die einzige Physikstudentin ihres Jahrgangs, nach einer Rolle im Leben suchte, bedürfen noch einer gründlichen Untersuchung.

Ein schmaler Band mit Liebesbriefen kann kein schlüssiges Bild von Mileva Marićs Leben liefern; er kann nicht alle Fragen beantworten, die Biographen, Wissenschaftshistoriker und interessierte Laien hinsichtlich der intellektuellen Beiträge von Mileva und Albert stellen mögen. Anstatt nun die Entwicklungsphasen ihrer wissenschaftlichen Zusammenarbeit und ihrer Liebesbeziehung im einzelnen zu verfolgen, wollen wir in dieser Einleitung einige Themen ansprechen, die für beide Aspekte von Belang waren. Dieser Briefwechsel, so glauben wir*, schafft ein neues Verständnis für das Zusammenspiel von geistigen und emotionalen Kräften, das Einsteins

---

* Siehe dazu: Jürgen Renn, »Einstein as a Disciple of Galileo. A Comparative Study of Concept Development in Physics«. In: *Science in Context*. Bd. 6, 1993, S. 311–341. [Anmerkung des deutschen Herausgebers]

bahnbrechende Leistungen in seinem Wunderjahr, dem *annus mirabilis* 1905, möglich machte.

Die Veröffentlichung der drei fundamentalen Beiträge Einsteins auf drei verschiedenen Gebieten der Physik im Jahr 1905 ist ein einzigartiges Ereignis in der Geschichte der Wissenschaft. In diesem Jahr veränderte ein junger Mann von sechsundzwanzig Jahren für immer das geltende physikalische Weltbild. Er führte das revolutionäre Konzept der Lichtquanten ein, ein Gedanke, der einer der am besten fundierten physikalischen Theorien des neunzehnten Jahrhunderts – der Wellentheorie des Lichtes – widerspricht und den Weg zur Entwicklung der modernen Quantentheorie eröffnete. Nur wenige Wochen nach diesem Beitrag legte Einstein, damals nur ein kleiner Beamter am Eidgenössischen Patentamt in Bern, seine Erklärung für die Brownsche Molekularbewegung vor. Das Phänomen als solches war wohl schon seit der Erfindung des Mikroskops im 17. Jahrhundert bekannt, aber mehrere Botaniker-, Physiologen- und Physikergenerationen hatten sich vergeblich bemüht, die Ursache dieser unregelmäßigen und fortwährenden Bewegung sehr kleiner, in Flüssigkeit suspendierter Teilchen zu finden. Mit einem Schlag machte Einsteins Erklärung den Weg frei für die Anerkennung der Realität von Molekülen. Schließlich reichte Einstein nur einen Monat später den zweifellos bedeutendsten seiner frühen Beiträge zur Veröffentlichung ein, die Spezielle Relativitätstheorie. Die Geisteskultur unserer Zeit kann nicht richtig verstanden werden, wenn man nicht die Wirkung dieser Theorie mit in Betracht zieht. Nicht nur die Elektrodynamik bewegter Körper, sondern jede physikalische Theorie, die seither formuliert wurde, mußte sich mit Einsteins revolutionärer Veränderung der Begriffe von Raum und Zeit auseinandersetzen.

Was wissen wir über die Hintergründe dieser Revolution und was über den jungen Mann, der sie ausgelöst hat? Wissenschaftshistoriker und Einstein selbst in seinen späteren Erinnerungen verweisen uns auf die Geistesriesen, auf denen er aufbaute, und es kann kein Zweifel darüber bestehen, daß die Meister der Physik im späten neunzehnten Jahrhundert – Planck, Lorentz, Boltzmann und andere – die Voraussetzungen für Einsteins bahnbrechende Beiträge geschaffen haben. Aber seine Leistungen sollten, obwohl sie auf früheren Ergebnissen basierten, vor allem als ein Triumph neuer Ideen, und nicht nur als methodische Verbesserung früherer Errungenschaften angesehen werden.

Wie konnte ein junger Mann, der eben erst das Fachlehrerdiplom erworben hatte, das erkennen, was Meistern des Faches verborgen blieb? Der Historiker hatte bis vor kurzem kaum Zugang zu dem revolutionären Einstein. Zum größten Teil mußte er sich auf Einsteins spätere Erinnerungen verlassen, auf die Berichte von Freunden und Bekannten, auf Aktenmaterial und auf eine bescheidene Sammlung seiner Korrespondenz aus dieser Zeit. Es gibt praktisch keine zeitgenössischen Quellen zur Vorgeschichte der Veröffentlichungen von 1905. Entwürfe dieser Arbeiten sind nicht erhalten, und es gibt auch keine ausführlichen Erörterungen über ihren Inhalt in Einsteins frühen Briefen.

Die Lage hat sich entscheidend verbessert, seit Anfang der achtziger Jahre, unter der Leitung von John Stachel, Einsteins Schriften systematisch untersucht und publiziert wurden. Dieses umfangreiche Editionsvorhaben wurde teilweise als archäologisches Unternehmen konzipiert, dessen Erfolg von dem Zusammenwirken der historischen Interpretation und der archivalischen Feldforschung abhing. Durch solche vereinten Bemühungen und mit der großzügigen Hilfe von Einsteins Enkelin,

Evelyn Einstein, die uns als erste auf die Existenz der in diesem Band vorgelegten Briefe aufmerksam machte, wurden diese im Jahre 1986 entdeckt*. Diese Briefe, die alle aus den wichtigen Jahren stammen, bevor Einstein seine revolutionären Beiträge zur Physik lieferte, haben unsere Chancen, auf die oben gestellten Fragen plausible Antworten zu finden, wesentlich verbessert. Aber woher kamen diese Briefe?

Nach Milevas Tod 1948 wurde ihr schriftlicher Nachlaß aus der Schweiz in die USA gebracht, wo ihr ältester Sohn Hans Albert als Professor für Hydraulik an der University of California in Berkeley lehrte. Nach der Scheidung von Albert im Jahr 1919 lebte Mileva bis zu ihrem Lebensende in Zürich; sie hat nicht wieder geheiratet. Obwohl das Scheidungsverfahren sehr schmerzlich war, erfolgte in den späten zwanziger Jahren eine Art Versöhnung. In den letzten zwei Jahrzehnten ihres Lebens wurden mehrere hundert Briefe zwischen ihr und Albert gewechselt; diese Briefe werden in den entsprechenden Bänden der Einstein-Edition veröffentlicht.

Die hier vorgelegten Briefe umfassen den noch erhaltenen Teil ihrer Korrespondenz aus den Jahren 1897 bis 1903, als die beiden jung und verliebt waren. Der erste wurde 1897 geschrieben, ein Jahr nachdem sie ihr Physikstudium begonnen hatten, und die zwei letzten 1903, in dem Jahr, in dem sie heirateten. Die verschiedenen Orte, an denen die Briefe entstanden, spiegeln das Vagabundenleben der beiden wider. Den ersten Brief sandte Mileva im Jahr 1897 aus Heidelberg, wo sie das Wintersemester 1897/98 verbrachte. Andere kommen aus Zürich, wo beide lebten, als sie das Eidgenössische Polytechnikum (die spätere Eidgenössische Technische

---

* Das Verdienst gebührt in erster Linie Robert Schulmann (Anm. des deutschen Herausgebers).

Hochschule) besuchten; aus Mailand, wo Alberts Eltern lebten; aus Milevas Heimat, damals Südungarn, heute Wojwodina (Serbien); aus Winterthur und Schaffhausen in der Schweiz, wo Albert vorübergehend als Aushilfslehrer tätig war; aus Stein am Rhein an der deutsch-schweizerischen Grenze, wo sich Mileva an einem Wendepunkt ihres Lebens für kurze Zeit aufhielt; aus Urlaubsorten in der Schweiz, wo Albert mit seiner Mutter und seiner Schwester Ferien machte; und aus Bern, wo er schließlich 1902 eine feste Anstellung am Schweizer Patentamt erhielt.

Als Mileva 1896 gleichzeitig mit Albert ihr Studium am Polytechnikum aufnahm, war sie fast einundzwanzig und damit dreieinhalb Jahre älter als er. Unter den Anfängern an der mathematischen Sektion der Abteilung VI, der Schule für Lehrer der mathematischen und naturwissenschaftlichen Fachrichtung, war sie die einzige Frau. In ihrem ersten, in Heidelberg geschriebenen Brief äußert sie ihre Begeisterung über eine Vorlesung, in der der deutsche Experimentalphysiker Philipp Lenard den Zusammenhang zwischen der mittleren Geschwindigkeit eines Moleküls und der mittleren freien Weglänge erklärte, ein Thema, das später für Einsteins Untersuchungen über die Brownsche Molekularbewegung wichtig wurde. Ihre frühen Briefe an Einstein zeugen von einem hohen Maß an Selbstsicherheit und Unabhängigkeit, Disziplin im Studium und einer gehörigen Portion Spottlust. Einmal läßt sie sich dazu herbei, ihm einen Brief zu schreiben, in dem sie seinen süddeutschen Dialekt imitiert und sich über die Aufgeblasenheit der deutschen Professoren lustig macht. Aber während der kecke Ton ihrer frühen Briefe dem Alberts in seinen Briefen aus dieser Zeit und im ganzen späteren Leben nicht unähnlich ist, wird darin doch ihr Gefühl der Isolation als einzige Frau in ihrem Semester deutlich spürbar. Ihre späteren Briefe sind oft von einem fatalistischen Ton gekennzeichnet und geben leider wenig Hinweise darauf, wie sich ihre wissenschaftlichen Interessen entwikkelten.

Durch den Briefwechsel werden zum ersten Mal einige aufregende Ereignisse in Milevas Leben enthüllt – Ereignisse, die sie in den Hintergrund der Einsteinschen Erfolgsgeschichte drängten. 1901 versuchte Mileva zum zweiten Mal das Fachlehrerdiplom am Polytechnikum zu erwerben, was ihr wiederum nicht gelang. Ein halbes Jahr später brachte sie die gemeinsame Tochter zur Welt. Zu dieser Zeit hatte keiner von »Lieserls« Eltern ein gesichertes Einkommen. Die Geburt eines unehelichen Kindes machte ihre Situation noch prekärer, weil dadurch Einsteins Chancen in Gefahr gerieten, eine Stellung in der spießigen Schweizer Hauptstadt, Bern, zu finden. Wie dem auch sei, das Lieserl kam zur Welt und verbrachte seine Kindheit weit entfernt von der Schweiz, möglicherweise in der Obhut von Milevas Verwandten, in der Region, aus der Mileva stammte. Die Briefe zwischen Lieserls Eltern nähren Vermutungen, daß sie schließlich zur Adoption freigegeben wurde und daß möglicherweise eine Freundin von Mileva bei der Regelung der Angelegenheit geholfen hat. Lieserl wurde nie wieder in einem der erhaltenen Briefe erwähnt, und alle Versuche, Hinweise auf ihr späteres Leben zu finden, sind gescheitert. Was wir sicher wissen, ist, daß Albert am 16. Juni 1902 eine vorläufige Anstellung als Technischer Experte dritter Klasse am Eidgenössischen Patentamt in Bern erhielt und daß er sechs Monate später Mileva heiratete.

Wenig war über die junge Mileva bekannt, bevor die hier vorgelegten Briefe entdeckt wurden. Außer den folgenden Fakten, die wir der früheren Untersuchung zweier serbischer Biographen[1] verdanken, konnte nicht viel ausfindig gemacht werden: Sie war ethnisch eine

Serbin und die Tochter eines wohlhabenden ungarischen Beamten. Bevor sie in die Schweiz kam, hatte sie mit besonderer Genehmigung den Mathematik- und Physikunterricht an einem Knabengymnasium in Zagreb besucht. In der Schweiz studierte sie zunächst Medizin.

Das Leben des jungen Einstein, »meine Kinderleiche«[2], wie er einmal scherzhaft sagte, ist hingegen relativ gut erforscht. Seine Familie bot ihm eine Umgebung, die seine geistige Entwicklung begünstigte und ihn auf sein späteres Physikstudium vorbereitete. Geboren 1879 im württembergischen Ulm, wuchs er in München auf, wo sein Vater und sein Onkel eine elektrotechnische Firma betrieben, in der Dynamos, elektrische Meßgeräte, Bogen- und Glühlampen, Telephonanlagen und ähnliches hergestellt wurden. Zu der Zeit, als Alberts Briefwechsel mit Mileva beginnt, hatte der Vater den Betrieb nach Norditalien verlegt, in eine Region, die um die Jahrhundertwende einen raschen wirtschaftlichen und industriellen Aufschwung erlebte. In der kapitalintensiven elektrotechnischen Industrie konnten sich nicht viele Firmen gegen die harte Konkurrenz der größeren Unternehmen behaupten, und die von Hermann Einstein zuerst in München, sodann in Pavia und schließlich in Mailand gegründeten Firmen wurden alle nach einigen Jahren liquidiert. Die finanziellen Probleme der Familie lasteten schwer auf Albert, dem einzigen Sohn. Sie sind ein wichtiges Motiv für seinen Entschluß, die Ingenieurslaufbahn einzuschlagen. So unternahm er 1895 als Sechzehnjähriger einen ersten Versuch, am Polytechnikum in Zürich zum Studium zugelassen zu werden.

Einige von Einsteins frühesten Erfahrungen mit der Wissenschaft während seiner Kindheit und Jugend, an die er sich fünfzig Jahre später erinnerte, als er eine autobiographische Skizze schrieb, hatten ihren Ursprung im Umfeld des elektrotechnischen Familienbetriebes. Als geistig frühreifer Jüngling schrieb er eine Abhandlung über das Verhalten des Äthers im Magnetfeld und schickte sie seinem Lieblingsonkel. Sein seit langem gehegtes Interesse an Problemen des Äthers und der Elektrodynamik sind auch in den Briefen an Mileva zu erkennen, in denen er diese Themen seine »Steckenpferdchen« (Brief 10) nennt. Zunächst befürchtet er, daß er Mileva damit langweile, aber nach und nach überträgt er seine Begeisterung auch auf sie.

Als Einstein sein Studium am Polytechnikum begann, lag ein Lebensabschnitt hinter ihm, in dem er durch seine Familie bereits geistige Anregungen erhalten hatte. Aber auch die emotionale Bindung an seine Mutter Pauline und insbesondere an seine Schwester Maja wie auch das Gefühl der Verpflichtung gegenüber dem Vater stellten einen wichtigen, wenn auch zwiespältigen Faktor seiner Jugendjahre dar. Seine Eltern standen der Verbindung mit Mileva ablehnend gegenüber und versuchten mehr als einmal, sie zu beenden. Dennoch besuchte Albert seine Eltern häufig und verbrachte seine Ferien mit ihnen – selbst in den Zeiten, in denen es wegen seiner Beziehung zu Mileva oder, wie er es nannte, der »Dockerl-Affäre« starke Spannungen und offenen Konflikt gab. In Brief 14 versucht er – Mileva und möglicherweise auch sich selbst – seine überlegene Gelassenheit gegenüber dem Widerstand der Mutter zu beweisen. Er schildert eine Szene in einem Urlaubshotel im Zimmer seiner Mutter, wo er ihr seine Absicht, Mileva zu heiraten, mitteilt. Seine sarkastische und zugleich farbige Beschreibung einer bürgerlichen Matrone, die fast verzweifelt bei dem Gedanken, ihren einzigen Sohn an eine nicht standesgemäße Frau zu verlieren, spiegelt sicherlich einige Einwände der Pauline Einstein gegen diese Mésalliance wider. Noch aufschlußreicher ist es, den Autor dabei unter die Lupe zu nehmen. Einsteins Sinn für theatralische und dramatische Situationen ist offensichtlich, und er nutzt einen Augenblick wie diesen weidlich aus, um seine Standfestigkeit und Liebe kundzutun und sich zugleich über die philisterhaften Proteste seiner Mutter lustig zu machen. Milevas Reaktion auf die elterliche Opposition ist nüchterner, und sie rät Albert wiederholt, sich zurückzuhalten. Widerwillig erkennt er schließlich die emotionale Reife seiner Geliebten in dieser Sache an und gibt zu, daß es besser gewesen wäre, er hätte den Mund gehalten. Diese Redseligkeit scheint Albert nie verlassen zu haben, obwohl sie in späteren Jahren durch die selbstauferlegte Zurückhaltung des weisen, abgeklärten Mannes verdeckt war. Als 1912 der Physiker Max von Laue einen Freund auf die erste Begegnung mit Einstein vorbereitete, sagte er: »Paß auf, daß Einstein dich nicht zu Tode redet. Er tut das nämlich gern.«[3]

Als er die Romanze mit Mileva begann, entschied sich Einstein für eine Beziehung zu einer emotional und intellektuell reifen Frau. Der Beginn seiner Liebe zu Mileva bedeutete zugleich das Ende einer früheren Beziehung. Nachdem es ihm nicht gelungen war, 1895 am Poytechnikum angenommen zu werden, verbrachte Albert ein Jahr in Aarau, nicht weit von Zürich. Dort absolvierte er das letzte Schuljahr bis zum Abitur, und dort verliebte er sich auch zum ersten Mal in ein Mädchen, das seine Mutter offenbar anerkannte. Es war Marie Winteler, Tochter des Lehrers Jost Winteler, in dessen Haus Albert wohnte, während er die gegenüberliegende Kantonsschule besuchte. Marie, zwei Jahre älter als Albert, suchte keine geistige Partnerschaft mit ihrem Freund. Sie nennt sich vielmehr in ihren Briefen »das kleine, unbedeutende, dumme Schatzerl, das nichts kann und nichts versteht«[4]. Nachdem Albert nach Zürich gezogen war und Mileva kennengelernt hatte, schickte er weiterhin seine schmutzige Wäsche an Marie und erhielt sie gewaschen zurück. Mit seiner neuen serbischen Freundin, deren selbstverständliche Unabhängigkeit und intellektuellen Ehrgeiz er bewunderte, suchte er eine geistige Kameradschaft, der die belanglosen Interessen und Hoffnungen einer unschuldigen Schwärmerei nichts anhaben konnten. Er schätzte sich glücklich, daß er in Mileva »eine ebenbürtige Kreatur« gefunden hatte, »die gleich kräftig und selbständig« sei wie er selbst (Brief 23). Aber er sah in ihr zugleich eine Geliebte, mit der er sich in ihrer beider kleinen studentischen »Haushalt« in Zürich zurückziehen oder einen Ausflug in die Schweizer Alpen genießen konnte: frei von Sorgen und Ambitionen.

Während die hier vorgelegten Briefe neues Licht auf Mileva und auf Alberts frühe Beziehung zu ihr werfen, scheint dies auf den ersten Blick sehr viel weniger auf Einstein selbst zuzutreffen, den hoffnungsvollen Wissenschaftler, dessen Bild in den späteren Erinnerungen sehr scharf hervortritt. Und doch begegnen wir dem jungen Einstein zum ersten Mal ganz unmittelbar in diesen zeitgenössischen Briefen, die seine geistige Entwicklung mitten in den Konflikten der Adoleszenz dokumentieren. So stellen wir zum Beispiel fest, daß sein rebellisches und theatralisches Verhalten im Privatleben dem sich entwickelnden Selbstbild des einsamen Revolutionärs der Wissenschaft entspricht. Am deutlichsten wird dies in der Beschreibung seiner ersten wissenschaftlichen Polemik, von der er Mileva stolz berichtet. 1901 hatte Albert zunächst begeistert auf Paul Drudes Veröffentlichung zur Elektronentheorie der Metalle reagiert, in der die Beziehung zwischen Wärmeleitung und elektrischer Leitung in Analogie zur kinetischen Gastheorie durch ein »Elektronengas« erklärt werden. Er hatte früher schon selbst an diese Analogie gedacht, und so betrachtete der zweiundzwanzigjährige Einstein Professor Drude als Kollegen, als einen Ebenbürtigen, mit dem er einen Dialog über Einzelheiten führen konnte. Auf sein Schreiben an Drude, in dem er zwei »sachliche Einwände« erhob, erhielt er eine abweisende Antwort, die ihm zu verstehen gab, daß Drude ganz anders dachte. Einem väterlichen Freund vertraut Einstein nun an, daß er »dem Mann demnächst mit einer tüchtigen Veröffentlichung einheizen«[5] werde, und dann erklärt er kategorisch, daß »Autoritätsdusel« der größte Feind der Wahrheit sei.

Obwohl Einstein die angekündigten Angriffe auf Drude nie veröffentlichte, hatte er bereits früher einige unkonventionelle Entscheidungen getroffen und auch erfolgreich ausgeführt. Im Alter von fünfzehn Jahren entschloß er sich, ohne Vater oder Mutter zu fragen, das Gymnasium in München zu verlassen, wahrscheinlich um dem Militärdienst zu entgehen. Diese Demonstration der Unabhängigkeit erschreckte die Eltern zutiefst, aber seine gleichfalls selbständig getroffene Entscheidung, sich um Aufnahme in der Ingenieur-Abteilung des Polytechnikums zu bewerben, hat sie offenbar beschwichtigt. Als er jedoch die Aufnahmeprüfung nicht bestand, sah es so aus, als hätte er sich zuviel zugemutet. Glücklicherweise ermöglichte ihm eine familiäre Beziehung nach Aarau, ein Jahr in der kleinen Stadt an einer ungewöhnlich modernen und gutausgestatteten Lehranstalt, der Aargauer Kantonsschule, zu verbringen. Der dort herrschende liberale Geist und das Engagement der Lehrer, die äußere Autorität ablehnten, beeindruckten Einstein. Es gilt als allgemein anerkannt, daß die Zeit in Aarau von beträchtlicher Bedeutung für ihn war. Obwohl wir wissen, daß einige seiner Lehrer nicht nur unterrichteten, sondern auch selbst Forscher waren – in Linguistik, Geologie und in Physik –, ist es bis heute unklar geblieben, was genau sie zu seiner intellektuellen Entwicklung beigetragen haben, hauptsächlich weil kaum relevante zeitgenössische Dokumente für diese Entwicklung zwischen

Einsteins Aufenthalt in Aarau und dem *annus mirabilis* 1905 existieren.

Gibt der Briefwechsel mit Mileva neue Hinweise auf die Rolle der verschiedenen intellektuellen Einflüsse auf Einstein? Liefert er uns ein »Missing link« in der Entwicklung, die zum Wunderjahr 1905 führte? Wenn wir in den Briefen nach den Wurzeln der drei revolutionären Abhandlungen forschen und nach denen der Relativität im besonderen, müssen wir feststellen, daß uns die Briefe eine detaillierte Rekonstruktion der Entwicklung von den wohlbekannten jugendlichen Spekulationen bis hin zu seinen späteren Beiträgen nicht ermöglichen. Was uns die Briefe jedoch offenbaren, ist, daß sich Einsteins Interesse für die Elektrodynamik – sein Lieblingsfach seit seinem sechzehnten Lebensjahr – vertieft hat und daß er sich bereits auf die Themen konzentriert, die für seine späteren fundamentalen Beiträge kennzeichnend sind: die Elektrodynamik bewegter Körper, der problematische Charakter der Äthervorstellung und das Relativitätsprinzip. Bereits die frühesten Briefe in diesem Band zeigen ihn beim Studium der zeitgenössischen Literatur. In der Auseinandersetzung mit ihr drückt er seine Zweifel am Konzept der Ätherbewegung aus und entwickelt eine eigene Vorstellung davon, wie sich die relative Bewegung zum Äther auf die Lichtfortpflanzung auswirkt. Gleichzeitig überlegte er sich ein Experiment, mit dem man die Lichtfortpflanzung in transparenten Körpern, die sich relativ zum Äther bewegen, erforschen kann. Leider geben die Briefe keinen genauen Hinweis darauf, warum Einstein Zweifel an der Bewegung des Äthers hegte, welche Vorstellungen er von der Bewegung relativ zum Äther hatte und an welches spezielle Experiment er dachte.

Fast zwei Jahre lang taucht das Thema Elektrodynamik bewegter Körper nur in flüchtigen Bemerkungen in Alberts Briefen auf – in Milevas Briefen gar nicht; aber sein unaufhörliches Interesse an diesem Gegenstand wie die Tatsache, daß er es weiterhin mit Mileva und seinen Freunden Michele Besso und Marcel Grossmann erörtert, stehen außer Zweifel. Im Frühjahr 1901 diskutierte er grundlegende Fragen, wie zum Beispiel die Trennung von Äther und Materie und die Definition der absoluten Ruhe, mit Besso; einen Monat zuvor hatte er sogar an Mileva über »unsere Arbeit über die Relativbewegung« (Brief 25) geschrieben. Am Ende dieses Jahres arbeitete er an einem Entwurf, der sich nach seiner Erwartung zu einer wichtigen Abhandlung über die Elektrodynamik bewegter Körper entwickeln sollte; es war ein Aufsatz, der offensichtlich einen Vorschlag zur Erforschung der Bewegung von Materie relativ zum Äther enthielt. Wir kennen den Inhalt der geplanten Abhandlung ebensowenig wie Milevas möglichen Beitrag dazu. Was es aber auch immer sein mochte, alle verfügbaren Zeugnisse lassen darauf schließen, daß das geplante Werk noch meilenweit von der Publikation des Jahres 1905 entfernt war.

Die flüchtigen Bemerkungen zum Thema Relativität bieten uns keinen »Stein von Rosette«, mit dessen Hilfe man ihre Geschichte entziffern könnte. Andererseits enthalten Einsteins Briefe zahlreiche Hinweise auf Ideen, Forschungsprojekte, sein Literaturstudium in der Bibliothek und geplante Experimente, die keinen direkten Bezug zu den bahnbrechenden Leistungen des *annus mirabilis* haben. Diese farbigen Schilderungen würden die Liebesbriefe zwischen Albert und Mileva selbst dann zu einem geistigen Abenteuer machen, wenn keine der Abhandlungen von 1905 je geschrieben worden wäre. Viele Bemerkungen über die Wissenschaft beziehen sich in der einen oder anderen Weise auf das, was Einstein später seine wertlosen Anfängerarbeiten genannt hat. Molekularkräfte, Thermoelektrizität, physikalische Chemie und die kinetische Theorie der Gase und Flüssigkeiten sind zusammen mit der Elektrodynamik die herausragenden wissenschaftlichen Themen im Briefwechsel mit Mileva. Trotz seiner später negativen Bewertung war er damals ohne Zweifel von allen diesen Themen fasziniert, von denen er einigen zum ersten Mal in den Vorlesungen am Polytechnikum begegnet. Die wichtige Rolle, die Einsteins Physikprofessor am Polytechnikum, Heinrich Friedrich Weber, für die Entwicklung der wissenschaftlichen Interessen seines Studenten spielte, ist nur eine von vielen neuen Erkenntnissen, die uns diese Briefe verschaffen. Einsteins Erinnerungen aus den späteren Jahren sprechen fast ausschließlich von dem Konflikt zwischen dem rebellischen und nach Unabhängigkeit strebenden Studenten der theoretischen Physik und dem etablierten Experimentalphysiker und legen nahe, daß dieser von Anfang an unvermeidlich gewesen sei. Die Möglichkeit, daß Weber mit seinen zum Teil antiquierten Lehrmeinungen den genialen jungen Mann intellektuell auch stimuliert haben könnte, wurde kaum in Betracht gezogen.

Die Briefe werfen auch ein neues Licht auf das Zerwürfnis, das sich zwischen Einstein und Weber anbahnte. Während Studenten unter Webers Aufsicht normalerweise ihre Forschung auf die Arbeit im Laboratorium konzentrierten, erleben wir, daß sich Einstein eher auf Tabellen und veröffentlichte Ergebnisse anderer verläßt, als daß er sich selbst experimentell betätigt. Die Kühnheit, mit der Einstein versucht, Verbindungen zwischen Daten herzustellen, die scheinbar nichts miteinander zu tun haben, charakterisiert auch einige seiner späteren und erfolgreicheren Beiträge zur Physik. Während seiner Zeit am Polytechnikum hatte sein theoretischer Ehrgeiz tatsächlich die Oberhand über sein ursprüngliches Interesse an experimenteller Forschung gewonnen. Weber dagegen wurde vielleicht immer unzufriedener mit dem unkonventionellen Studenten, der es sich offenbar zu einfach machte. Dieser Antagonismus hatte zur Folge, daß Einstein einen ersten Promotionsversuch aufgab, während Weber, zumindest aus Einsteins Sicht, vor nichts zurückschreckte, um die Bemühungen des jungen Mannes zu vereiteln, nach dem Studienabschluß einen Arbeitsplatz zu finden.

Und doch hatte die empirische Ausrichtung am Weberschen Physikinstitut möglicherweise einen heilsamen Einfluß auf einen ehrgeizigen angehenden Theoretiker. In allen drei fundamentalen Beiträgen Einsteins von 1905 kann man feststellen, daß er sich die experimentell nachprüfbaren Konsequenzen bewußt machte. Es liegt daher nahe, zu fragen, ob Einsteins technische Orientierung, die zunächst durch den elektrotechnischen Familienbetrieb und dann durch sein Studium an einer Technischen Hochschule angeregt wurde, ausschlaggebend dafür war, daß sich seine innovativen Beiträge zur theoretischen Physik von den Arbeiten zeitgenössischer mathematischer Physiker wie etwa Boltzmann unterscheiden. In der Tat schreibt Albert in einem Brief an Mileva, daß er Boltzmanns Gastheorie wirklich bewundere, aber er finde, es werde »zu wenig Wert gelegt auf den Vergleich mit der Wirklichkeit« (Brief 29).

Natürlich wäre es zu stark vereinfacht, wenn man annehmen wollte, daß der eine oder andere »Einfluß« auf Einstein seine geistige Entwicklung erklären könnte. Das wohlbekannte Bild Einsteins als eines Autodidakten wird von diesem Briefwechsel bestätigt, und wir erfahren aus erster Hand, welche ansehnliche Reihe von Schriften er studierte. Wir sehen ihn zusammen mit Mileva die klassischen Werke von Boltzmann, Drude, Helmholtz, Hertz, Kirchhoff, Mach und Ostwald lesen, zusätzlich zu den Vorlesungsskripten seines Kommilitonen Grossmann. Wir können aus Einsteins späteren Beiträgen rekonstruieren, welche wichtige Rolle diese Lektüre in seiner Ausbildung gespielt hat. Wir erkennen aber auch, wie er mit beeindruckender Souveränität die Gesichtspunkte aus seiner Lektüre auswählte, die er für wichtig hielt. So war er überzeugt, daß die Prinzipien von Boltzmanns Theorie richtig sind, und doch wurde er kein blinder Anhänger ihres mathematischen Formalismus. Er las Ostwald, den Anti-Atomisten, mit ebensoviel Nutzen wie Boltzmann, den Atomisten. Sorgfältig befaßte er sich mit Machs Argumenten gegen die Überfrachtung der Physik mit unnötigen Vorstellungen und verwarf schließlich das Ätherkonzept, wobei er gleichzeitig Machs Kritik am Atomismus als Herausforderung verstand und versuchte, einen Beweis für die Existenz von Atomen zu liefern.

Was aber versetzte Einstein in die Lage, sich die Schriften dieser offenbar so unterschiedlichen geistigen Lehrmeister mit einer derartigen Selbständigkeit zu eigen zu machen? Wenn man rekonstruieren will, wie er im Laufe seines Studiums einen Blick für das – wie er später schrieb – »Fundamental-Wichtige, Grundlegende« entwickelte, sollte man bedenken, daß die verschiedenen geistigen Anregungen, die in dem Briefwechsel erwähnt werden, nicht auf unbearbeiteten Boden fielen. Eine der verborgenen Quellen für seine Vorbereitung auf die Universitätsphysik, die in den Briefen nur flüchtig erwähnt wird, aber fünfzig Jahre später in seiner autobiographischen Skizze mehr Gewicht erhält, ist das Kompendium von Aaron Bernstein, die »Naturwissenschaftlichen Volksbücher«, die Mitte des neunzehnten Jahrhunderts geschrieben wurden.

Die Themen, die Bernstein behandelt, weisen auffallende Parallelen zu den Ideen Einsteins auf. Bernstein diskutiert den Teilchencharakter des Lichtes, was Einstein mit seiner Lichtquantenhypothese wieder aufgriff, und er erwähnt sogar die Möglichkeit der Lichtablenkung durch ein Gravitationsfeld, was schließlich zu einem der wichtigsten Beweisstücke für die Allgemeine Relativitätstheorie wurde. Näher an Einsteins frühen Interessen entwickelte Bernstein das Thema der Atome mit den »verborgenen«, zwischen ihnen wirksamen Kräften zu einem allumfassenden Panorama von der Einheit der Natur. Obwohl ein solches Bild der Komplexität der Wissenschaft um die Jahrhundertwende nicht mehr gerecht werden konnte, lieferte es doch den Hintergrund für eines der ersten Forschungsvorhaben Einsteins, das darauf abzielte, die Analogie zwischen den Wechselwirkungen der Moleküle und der Gravitation zu erforschen.

Einsteins Kreativität kann ebensowenig durch die Lektüre von solchen populärwissenschaftlichen Texten erklärt werden, wie durch die Anregungen, die er später in Webers Vorlesungen erhielt. Aber die Tatsache, daß Einstein bereits ein breites theoretisches Verständnis von der Physik besaß, bevor er fachspezifisches Wissen aufzunehmen begann – zum Beispiel in Webers Vorlesungen –, machte ihn intellektuell unabhängig von dem, was er lernte, gab ihm die Möglichkeit, aus der Vielfalt des Wissens, mit dem er konfrontiert wurde, auszuwählen, und versetzte ihn in die Lage, Verbindungen zwischen Gegenständen herzustellen, die denen verborgen bleiben mußten, die eine eher konventionelle Ausbildung erfahren hatten. Die Briefe in diesem Band lassen offen, inwieweit Mileva über ähnliche Fähigkeiten verfügte, als sie ihr Studium am Polytechnikum aufnahm. Sie hinterlassen jedoch den Eindruck, daß sie sich Prüfungen mit weniger Gelassenheit stellte als Einstein und daß sie, obwohl pedantischer in ihrem Studium, vielleicht nicht so unabhängig war bei der Rezeption der traditionellen Physik.

Falls sich der Leser nicht darauf beschränkt, in der hier vorgelegten Korrespondenz nach einzelnen Belegen für Einsteins spätere Leistungen zu suchen, hat er die einmalige Gelegenheit, Einblicke in seinen Denkprozeß zu gewinnen, in die Art und Weise, in der er Anregungen verarbeitete, die er aus der Literatur, den Vorlesungen oder, wie wir weiter unten sehen werden, vielleicht sogar von einem Aarauer Physiklehrer erhalten hatte. Das heißt nicht, daß deutliche Hinweise auf spätere Entwicklungen in der Korrespondenz völlig fehlten. Im Jahre 1901 etwa ist Einstein ganz überwältigt von Glück und Freude, nachdem er eine Arbeit von Lenard über die Erzeugung von Kathodenstrahlen durch ultraviolettes Licht gelesen hat – ein Erlebnis, das er natürlich mit Mileva teilen will (Brief 36). Ein Wissenschaftshistoriker denkt dabei automatisch an Einsteins Erklärung des Photoeffektes im Jahr 1905, für den dieser siebzehn Jahre später den Nobelpreis erhielt. Man sollte jedoch vermeiden, aus solcher Antizipation, welche die sich verändernden Kontexte seiner Forschung unberücksichtigt läßt, vorschnelle Schlußfolgerungen zu ziehen. Betrachten wir hierzu ganz kurz einige Beispiele.

Die Jahrhundertwende war für die Entwicklung der Physik eine aufregende Zeit, und Jahr für Jahr wurden neue Phänomene entdeckt – man denke an Kathodenstrahlen, Röntgenstrahlen und Radioaktivität. Die Kontroverse darüber, ob Kathodenstrahlen Teilchen oder Wellen sind, wurde in den späten neunziger Jahren des vorigen Jahrhunderts zunehmend zugunsten der Teilchenvorstellung entschieden. Was allerdings die Röntgenstrahlen angeht, so war die Frage nach ihrem Wesen noch immer offen. Röntgen meinte zunächst, daß es die lange gesuchten longitudinalen Ätherwellen seien, aber diese Ansicht war alles andere als allgemein anerkannt. Einsteins Briefe an Mileva zeigen, daß er diesen neuesten Entwicklungen in der Physik nicht so fern stand, wie oft behauptet wird. Bereits 1899 arbeitete er mit einem Pionier der Röntgenstrahlforschung in der Schweiz, dem Aarauer Physiklehrer Conrad Wüest[6] zusammen, mit dem er gemeinsam Strahlungsexperimente durchführte. Danach verfolgte Einstein viele Jahre lang aufmerksam die weitere Erforschung der Röntgenstrahlen, veröffentlichte aber nichts auf diesem Gebiet. In seiner Lichtquantenarbeit von 1905 schlägt er eine überraschende Erklärung des Lichtelektrischen Effektes vor, indem er annimmt, daß sich Licht unter bestimmten Umständen wie ein Teilchenstrom verhält. Es ist gut möglich, daß sich ihm der Wert dieser unkonventionellen Idee zum ersten Mal in dem ganz anderen Kontext der Erforschung der Röntgenstrahlen offenbarte, wo ähnliche Hypothesen Gegenstand der damaligen Diskussion waren. Daher scheint die Annahme berechtigt, daß einige wichtige Beiträge Einsteins aus dem Bemühen hervorgingen, andere, längst vergessene Probleme zu lösen, und daß er dabei ein theoretisches Instrumentarium entwickelte, das sich auf andere wichtigere Rätsel anwenden ließ. Ein vielleicht noch treffenderes Beispiel für die Unvorhersehbarkeit einer wissenschaftlichen Entdeckung ist Einsteins Suche nach einer Theorie der Thermoelektrizität. Die Briefe an Mileva dokumentieren nicht nur ausführlich seine mittlerweile vergessene Passion für dieses Thema, sondern enthalten auch die überraschende Enthüllung, daß seine besser bekannten Beiträge zur statistischen Physik – unentbehrliche Instrumente für seine spätere Erforschung des Quantenrätsels – in diesem bisher unbekannten Forschungszusammenhang ihren Ursprung hatten.

Die Ideen, die in Einsteins Briefen dokumentiert sind, hätten für immer die unausgegorenen Projekte eines glänzend begabten Jünglings bleiben können. Im Alter von sechzehn Jahren war er bereits davon überzeugt, das nötige Talent zu besitzen, und sprach den Wunsch aus, theoretischer Naturwissenschaftler[7] zu werden. Doch während seines Studiums am Polytechnikum erwog er zeitweise ernsthaft die Möglichkeit, die Firma seines Vaters zu übernehmen. Er begleitete Hermann Einstein auf einer Reise durch Norditalien, um Elektrizitätswerke zu besichtigen, die von der Firma seines Vaters gebaut worden waren. Einstein jr. beschrieb diese Reise auf halbernste Weise als sakrales Ritual, um in das Familienunternehmen eintreten zu können (Brief 18). Am Polytechnikum besuchte er sowohl Vorlesungen über Volkswirtschaft und Bankwesen als auch über Statistik. Wie sich herausstellte, wurde Einstein das Glück zuteil, seine Statistikkenntnisse zur Erklärung der Gesetze der Brownschen Bewegung nutzen zu können anstatt sie auf die Schwankungen in den Geburten- und Sterberegistern anzuwenden, wie sie in den Tabellen der Versicherungsunternehmen aufgeführt sind.

Einstein zog auch andere berufliche Möglichkeiten in Betracht, darunter die Lehrtätigkeit und die Arbeit am Patentamt. Sein Studienabschluß am Polytechnikum qualifizierte ihn für den Beruf des Gymnasiallehrers, was ihm ermöglichte, in die Fußstapfen der von ihm verehrten Lehrer zu treten. Augenscheinlich machte ihm das Unterrichten Spaß, und er hätte daraus gern einen Beruf gemacht. Während seiner Studienzeit gab er Nachhilfeunterricht; nachdem er das Diplom erworben hatte, arbeitete er als Aushilfslehrer für Mathematik am Technikum in Winterthur und später als Lehrer an einem Internat in Schaffhausen. Als er im Juli 1901 erfuhr, daß Mileva schwanger war, versprach er, auf alle wissenschaftlichen und beruflichen Ambitionen zu verzichten und, wenn nötig, die niedrigste Stellung anzunehmen, nur um sie heiraten zu können. Ein starker Dämpfer für seinen ausgeprägten Ehrgeiz war damals nicht nur die Schwangerschaft seiner Verlobten, sondern auch die niederschmetternde Antwort auf seine Kritik an Drudes Elektronentheorie, die er gerade erhalten hatte. Aber Milevas Befürchtungen, er könnte sein Talent vergeuden, indem er eine nicht akzeptable Stelle annähme, nur um sie glücklich zu machen, erwiesen sich als unnötig: Wir stellen fest, daß Albert über ein ausreichend großes Maß an Selbstvertrauen verfügte, um seine Pläne für eine wissenschaftliche Karriere weiterverfolgen zu können.

Im Gegensatz dazu bot sich Mileva niemals eine Chance, zwischen dem konventionellen Weg einer Lehrerin und weiterreichenden Zielen wählen zu können. Als sie im dritten Monat schwanger war, scheiterte sie abermals bei dem Versuch, ihr Fachlehrerdiplom zu erwerben, und Sorgen um ihre zukünftige Familie sowie das Auf und Ab bei Alberts Stellensuche überschatteten zunehmend ihre eigenen beruflichen Wünsche. Schließlich willigte sie offenbar ein, das uneheliche Lieserl wegzugeben, und gab sich damit zufrieden, nach ihrer Heirat ein zweites Kind zu bekommen. Die verfügbaren Dokumente deuten darauf hin, daß Mileva seit 1902 für Albert nicht mehr die geistig-seelisch beeindruckende Partnerin war, in die er sich fünf Jahre zuvor in Zürich verliebt hatte.

Dies bedeutet jedoch nicht, daß ihm intellektuelle Partnerschaft irgendwie weniger wichtig geworden wäre. Schon in der Zeit seines Briefwechsels mit Mileva taucht Michele Besso als Freund auf, mit dem sich Einstein über wissenschaftliche Ideen in zwanglosen Diskussionen austauschen kann. In seiner frühen Zeit in Bern gründete Einstein mit zwei anderen Freunden der Bohème eine Diskussionsgruppe, die er scherzhaft die »Akademie Olympia« nannte. Es wäre ungerecht, Einsteins Diskussionspartner als bloßen »Resonanzboden« abzutun, eine Bezeichnung, die Besso denn auch rundweg ablehnte. Schließlich war es Besso, der Einstein zuerst auf Machs Werke aufmerksam machte und sein Wissen über angewandte Thermodynamik, das er am Polytechnikum erworben hatte, an ihn weitergab[8]. Derselbe Besso wies seinen Freund 1905 darauf hin, daß die Art von Molekül-

bewegung, deren Gesetze Einstein gerade theoretisch abgeleitet hatte, bereits früher beobachtet worden war und
von Physiologen »Brownsche Bewegung«[9] genannt
wurde. Und eben diesem Freund Michele Besso dankt
Einstein als einzigem in seiner Arbeit über die Relativität,
einer Arbeit, die auch dadurch bemerkenswert ist, daß
sie keinerlei Literatur zitiert. Die Tatsache, daß Besso,
wie viele von Einsteins späteren Diskussionspartnern,
kein Physiker war, könnte Einstein geholfen haben, nicht
nur dem engen Dogmatismus zu entgehen, der zu der
Zeit auf einigen Gebieten der Physik herrschte, sondern
auch seinen Horizont über die Physik hinaus zu erwei-
tern. Einstein schätzte den konstruktiven Dilettantismus
von Besso und seinen Freunden in der Akademie Olympia ebenso wie die unkonventionelle Kameradschaft, die
diese und Mileva ihm entgegenbrachten. Dennoch deutet
die Korrespondenz, die ihn und die Schar der ihn umge-
benden Außenseiter vereint gegen den Rest der Welt
zeigt, auch auf eine tiefere Wahrheit hin. Einstein schuf
sich einen größeren geistigen Abstand zum Bohème-Le-
ben, als seine Briefe auf den ersten Blick erkennen lassen. Es scheint, als ob das unbürgerliche Leben mit Mileva und das bürgerliche Leben mit seinen Eltern nur
Rollen waren, zu denen sich Einstein immer eine innere
Distanz bewahrte.

Die Philosophie Schopenhauers, die gelegentlich in
Einsteins Briefen aus dieser Zeit erwähnt wird, mag ihm
ein Vokabular an die Hand gegeben haben, das es ihm
ermöglichte, einander widersprechende Loyalitäten und
seine ambivalenten Reaktionen darauf zu verarbeiten:
die Frustration über das seiner Meinung nach geistlose
Leben seiner Eltern und andererseits seine Abhängigkeit
von ihnen; seine Liebe zu Mileva und gleichzeitig das
Gefühl der Platzangst in der kleinen Welt, die sie für sich
geschaffen hatten; seine Liebe zu den höheren Werten

der Wissenschaft und auf der anderen Seite die manchmal demütigende Notwendigkeit, zu kämpfen, um in der Wissenschaft Karriere zu machen. Schopenhauer hatte auch andere verwandte Saiten in ihm anklingen lassen, zum Beispiel mit seinem Lob auf die Musik als das einzige Vergnügen, in dem ein einsamer Geist zu sich selbst finden kann, und mit seinen bissigen Beobachtungen zu den Schwächen des Menschen. Schließlich verschaffte Schopenhauers Darstellung des isolierten Intellektuellen einer ganzen Generation von Bildungsbürgern eine überzeugende Identifikationsmöglichkeit im Gegensatz zu der als materialistisch empfundenen Gesellschaft des wilhelminischen Deutschland.

In seinen Aphorismen definiert Schopenhauer den Philister – ein ständig wiederkehrendes Thema in Einsteins Briefen – als einen Menschen ohne geistige Bedürfnisse und stellt ihm das »Genie« gegenüber, dessen Aufgabe es ist, die blinden Massen zu einer höheren Entwicklung zu führen durch die bloße Tatsache, daß es unter ihnen lebt. Schopenhauer unterschied sich auch darin von diesen Massen, daß er die bürgerliche Heirat mit Verachtung betrachtete und zwischen Ehefrau und Prostituierter kaum einen Unterschied sah – eine Ansicht, die Einstein in Brief 16 zum Ausdruck bringt. Vielleicht noch wichtiger ist ein anderer Aspekt dieser Philosophie, der gleichfalls Einsteins Sympathie findet: Schopenhauer formuliert einen Protest gegen das kulturlose Leben, das es denjenigen, die sich mit dem »Genie« seiner Schriften identifizieren können, gestatte, weiterhin als Philister zu leben, solange sie nicht auch ihr inneres Wesen einer solchen Existenz ausliefern.

Eine kursorische Betrachtung kann die Themen, die in Milevas und Alberts Briefen angesprochen werden, nicht erschöpfend behandeln. Da wäre zum Beispiel noch Einsteins wenig bekanntes Interesse an Psychologie zu nennen, das vielleicht mit seinem erkenntnistheoretischen Interesse zusammenhing, ihm aber auch, wie seine Lektüre von Schopenhauer, ein Begriffssystem vermittelte, in dessen Rahmen er über seine Gefühle reflektieren konnte. Dieses Interesse wurde von Mileva geteilt, wenn nicht sogar geweckt durch ihre Beschäftigung mit den physiologischen und ethischen Grenzen des menschlichen Denkens, wie sie in einigen ihrer Briefe deutlich wird. Soweit der bruchstückhafte Charakter der erhaltenen Dokumente einen derartigen Schluß zuläßt, scheint es, daß für sie die Psychologie sogar von größerem Interesse war als die Physik. Aber jeder Versuch, Milevas physikalisches Interesse und die Ideen, die sie in den Diskussionen mit Albert entwickelte, einzuschätzen, läuft Gefahr, aus den gleichen Gründen fehlzuschlagen, die auch ihre Stimme verstummen ließ: Die Briefe gingen verloren und mit ihnen die Erinnerung an ihre möglichen wissenschaftlichen Beiträge. Da wir nicht durch Spekulation ersetzen können, was uns an historischen Belegen fehlt, kommen wir abschließend zu der Frage zurück, die wir am Anfang dieser Einleitung gestellt haben: Wie konnte ein junger Mann aus den Arbeiten von solchen Meistern der Physik wie Lorentz und Planck Schlußfolgerungen ziehen, die diesen offenbar unzugänglich geblieben waren? Einstein wurde als Außenseiter mit ihren Ergebnissen konfrontiert, war frei, sie auf eigene Art und Weise zu interpretieren, und nicht als Anhänger einer etablierten Denkschule, von der er ein mehr oder weniger umfangreiches, aber jedenfalls abgeschlossenes Bild der Wissenschaft übernommen hätte. Obwohl kein Spezialist in diesem Sinne, war er doch ein junger Mann, der auf ungewöhnliche Ressourcen des Wissens und der Erfahrung zurückgreifen konnte. Dies wiederum erlaubte ihm, dem Werk der Meister neue Bedeutung zu verleihen. Allein die Beschäftigung mit jeder einzelnen dieser höchst anspruchsvollen Arbeiten hätte die ganze Aufmerksamkeit eines Schülers erfordert. Aber als Wanderer zwischen den Welten, als Bürger und Bohemien, als Atomist und Kritiker des Atomismus war Einstein in der Lage, an den Einsichten und Emotionen verschiedenster Welten teilzuhaben und sich dennoch keiner von ihnen ganz zu verschreiben.

Einstein und die Frauen

von Armin Hermann

Schon als Schüler und Student war Einstein entzückt von den jungen Mädchen. In seinem Übermut fand er meist schnell ein Scherzwort, das die Marie, die Julia, die Rosa, oder wie sie alle hießen, zum Lachen brachte.

Für das Poesiealbum der siebzehnjährigen Anneli dichtete er:

> Du Mädel klein und fein,
> was schreib ich Dir hinein?
> Wüßte Dir gar mancherlei,
> ein Kuß ist auch dabei,
> auf's Mündchen klein.
>
> Wenn Du darum böse bist,
> mußt nit gleich greinen.
> Die beste Strafe ist –
> Gibst mir auch einen.[1]

Die Mutter bemerkte die frühe Neigung, und auch sie war wohl ein wenig verliebt in ihren Albert, der, wie sie stolz berichtete, »vorzüglich aussehe« und sich mit seiner Schwester sehr gut vertrage. Noch stärker ausgeprägt waren seine intellektuellen Neigungen. Ein Büchlein über ebene Geometrie, das ihm die Eltern geschenkt hatten, bewahrte er seit seinem zwölften Lebensjahr wie ein Heiligtum, und noch am Ende seines Lebens erinnerte er sich, wie die Klarheit und Sicherheit eines mathematischen Beweises »unbeschreiblichen Eindruck« auf ihn machten.

Im Luitpoldgymnasium in München hatte er (anders

41

als es die Legende will) immer gute bis sehr gute Noten. Er war der Jüngste in seiner Klasse und erhielt bei der heute sogenannten »Mittleren Reife« in Latein und Mathematik eine glatte Eins, im Griechischen eine Zwei. Ein paar Monate später verließ er nach einem Streit mit seinem Klassenlehrer die Schule. Sehr wahrscheinlich war es kein spontaner Entschluß, vielmehr wollte er der Verpflichtung zum Militärdienst entgehen. Er folgte seinen Eltern nach Mailand, und im Sommer 1895 – mit sechzehn Jahren – verfaßte er seinen ersten (unveröffentlicht gebliebenen) wissenschaftlichen Aufsatz, der zur Hälfte noch Spiel war und zur Hälfte schon den Ernst des Mannes zeigt.[2]

Ein Onkel sah in dem jungen Albert ein »Wunderkind« und kümmerte sich um seine Unterbringung in Aarau. Hier besuchte er die Kantonsschule, um sein Abitur zu machen. Er wohnte im Hause eines Lehrers, der Griechisch und Geschichte unterrichtete. Dieser Jost Winteler bestärkte Einstein in seinen demokratischen Überzeugungen und machte ihn auf die Gefahren aufmerksam, die von dem mächtigen Nachbarn im Norden ausgingen. Nach der Machtergreifung rühmte Einstein Papa Wintelers seherhafte politische Vorahnungen: »Ich habe es auch stets gefühlt, aber nicht mit dieser Reinheit und Stärke.«

Marie Winteler, die Tochter des Lehrers, wurde sein »geliebtes Schätzchen« und »süßes Engelchen«. Die beiden haben sich – wie Marie später bekundete – »innig geliebt«. Sie mahnte ihren »großen, lieben Philosophen«, doch nicht gar so viel zu studieren und sein Mariechen nicht zu vergessen. Das »Liebchen« war damals neunzehn, er siebzehn Jahre alt.

Schon bald gerieten seine Gefühle und seine Rationalität in Konflikt miteinander, und es zeigte sich, daß er seine Affekte zu beherrschen wußte. Sein Handeln war eindeutig zweckrational und später – als er der große Weltweise geworden war – wertrational bestimmt.

Im Hause Winteler spielte er oft auf seiner Geige Schumannlieder, die er besonders schätzte. Ein Mitschüler beobachtete, wie Einstein, nachdem kaum der letzte Ton verklungen war, mit einer witzigen Bemerkung die Stimmung mutwillig zerstörte: »Jede Gefühlsschwärmerei haßte er und bewahrte sich auch in leicht entzündlicher Umgebung sein kühles Blut.«[3]

Auch Heinrich Heine hat gefühlvollen Gedichten zum Schluß oft eine ironische Wendung gegeben. Wahrscheinlich war gerade deswegen Heine der Lieblingsdichter Einsteins.

Nur ein einziger Liebesbrief an Marie Winteler ist erhalten geblieben; vermutlich wurden die anderen von ihr vernichtet, um ihrem späteren Mann keinen Anlaß zur Eifersucht zu geben. Und dabei war doch die Beziehung rein platonisch. In Heinrich Spoerls »Feuerzangenbowle« heißt es, daß ein Pennäler kein »Verhältnis« habe, sondern einen »Schwarm« oder eine »Flamme«. So war es. Die Romanze ging zu Ende, als Einstein zum Studium nach Zürich übersiedelte, obwohl sich Marie noch Hoffnungen machte, die »traurige Verbannungszeit« könnte einmal ein Ende nehmen.

Er hatte ein Ziel, das er konsequent ansteuerte: die Insel Nova Atlantis, das Paradies der Gelehrten, das Francis Bacon einst so anziehend geschildert hatte. Einstein fürchtete den Sturm der Gefühle, der sein Lebensschiff in eine andere Richtung lenken könnte, und er ist vor dieser Liebe geflohen.

In seinem Abituraufsatz brachte er klar zum Ausdruck, daß er Professor der theoretischen Physik werden wollte. Davor mußte alles andere zurückstehen.[4] Mit achtzehn Jahren proklamierte er die »angestrengte geistige Arbeit« und das »Anschauen von Gottes Natur« als seine Engel, die ihn sicher durch »alle Wirrnisse dieses Lebens« führen sollten.

In einem Brief an das »liebe Mamerl«, die Mutter seines Mariechens, sagte Einstein, der damals im zweiten Semester studierte, den geplanten Besuch in Aarau ab. Seine Entscheidung war getroffen, und jetzt hatte er nur noch Mitleid für das in seinen Gefühlen gefangene Mädchen: »Es wäre meiner mehr als unwürdig, wenn ich ein paar Tage Wonne mit neuem Schmerz erkaufte, den ich dem lieben Kindchen schon viel zu viel durch meine Schuld verursacht habe.«[5]

Einstein hat die Kraft der Emotionen unterschätzt. Schon in der Physik traten ihm manche Kollegen mit heftigen Gefühlen entgegen, als er an das »ehrwürdige Gebäude der Wissenschaft« Hand anlegte und einen grundlegenden Umbau einleitete. Noch stärkere Emotionen weckte er bei seiner Kommilitonin Mileva Marić: zuerst Bewunderung und Liebe, dann rasende Eifersucht und schließlich, nachdem er sie verlassen hatte, ohnmächtigen Zorn und Rachedurst.

Im Oktober 1896 begann Einstein sein Studium am Polytechnikum in Zürich, der späteren Eidgenössischen Technischen Hochschule. Unter den elf Erstsemestern in seiner Abteilung befand sich als einzige Studentin die dreieinhalb Jahre ältere Mileva Marić, die aus Südungarn, der heutigen Wojwodina, stammte. Aus den hier vorgelegten Briefen ist ersichtlich, daß die beiden jungen Menschen einander rasch freundschaftlich nahekamen. Es mag sein, daß sie sich schon bald in ihn verliebt hat. Sie jedenfalls konnte bei ihrem Kommilitonen keinen Sturm von Gefühlen hervorrufen, wie ihm das zuvor in Aarau geschehen war, und hier lag wahrscheinlich überhaupt der Grund, daß er sich mit Mileva befreundete. Wenn er sein Mariechen wiedersähe, teilte er Mileva unbefangen mit, würde er erneut »verrückt«: »Das weiß ich und fürcht' ich wie das Feuer« (Brief 11). Vielleicht hat er schon hier den Grund gelegt für ihre spätere geradezu krankhafte Eifersucht.

Hier zeigt sich eine Parallele zu Goethe. Diesen quälten schon während seiner Leipziger Studienzeit Angstträume, von einer Frau festgehalten zu werden. Überstürzt verließ er seine Verlobte Lili Schönemann, eine ernste und feine Seele, und flüchtete nach Weimar.

Folgerichtig gerieten die beiden Genies an nicht adäquate Partnerinnen: Goethe lebte mit einer ehemaligen Arbeiterin zusammen, und der heitere und souveräne Einstein befreundete sich mit einer Kommilitonin, die ein im Grunde unfroher und unfreier Mensch war, die ihm aber, wie er meinte, in seiner Seelenruhe nicht gefährlich werden konnte. Am Ende heirateten beide, weil sie ihre Partnerin nicht im Stich lassen wollten.

Während Goethe bei seiner Christiane jedoch von Anfang an vor allem den Körper sah »mit allen seinen Prachten«, suchte Einstein – jedenfalls zunächst – eine geistige Partnerschaft. Er sei glücklich, schrieb er einmal an Mileva, daß er »eine ebenbürtige Kreatur gefunden habe«, die gleich stark und selbständig sei. Auch als später sein Urteil sehr viel kritischer ausfiel, charakterisierte er sie als »sehr wißbegierig und auch intelligent, von einer gewissen Tiefenbegabung, aber ohne Leichtigkeit der Auffassung«.

Mileva konnte ihm jedenfalls etwas geben, was er in dieser Phase seiner Entwicklung brauchte: Anerkennung. »Albert hat eine prachtvolle Arbeit verfaßt«, schrieb sie Ende 1901 an eine Freundin: »Ich habe sie mit großer Freude und wahrer Bewunderung für mein kleines Schatzerl gelesen, das so einen gescheiten Kopf hat.«

Mileva vermochte ihm zwar nicht zu folgen, aber sie fühlte, daß er in seiner Kritik an den anerkannten Theorien recht hatte. Wenn er für die »Erbärmlichkeit« einer der Koryphäen einen »untrüglichen Beweis« besaß und sich vornahm, einen »solchen Kerl« rücksichtslos in den Zeitschriften anzugreifen, war sie stolz auf ihren »Johonzel«.

Der Stoff der Vorlesungen und die ungelösten Probleme der Physik bildeten den Hauptinhalt ihrer Gespräche. Immer fiel Einstein etwas Neues und Originelles ein. Einmal hatte er in den gesammelten »Vorträgen und Reden« von Hermann von Helmholtz gelesen und bewunderte ihn als »originellen, freien Kopf«, und ein andermal stiegen ihm »prinzipielle Bedenken« auf gegen die Strahlungstheorie von Max Planck. Auf ihre Frage erläuterte er ihr dann genau, was er »gegen Plancks Betrachtungen über die Natur der Strahlung« einzuwenden hatte (Brief 27).

In den Semesterferien fuhr Einstein zu seinen Eltern nach Mailand und Mileva zu den ihren nach Kać in Südungarn. In dieser Zeit haben die Liebenden Briefe gewechselt, und wir hören noch heute den übermütigen Ton, den Einstein anschlug:

Hatte der Michele einst wieder einmal nichts zu tun. Da schickt ihn sein Prinzipal [von Mailand] in die Zentrale Casale, damit er die neu gemachten Leitungen inspiziere und prüfe. Unser Held entschließt sich, abends zu fahren, natürlich um kostbare Zeit zu sparen, versäumte aber leider den Zug. Am nächsten Tag dachte er zu spät an seinen Auftrag. Am dritten Tag ging er zeitig an die Bahn, merkte aber zu seinem Schrecken, daß er nicht mehr wußte, was man ihm aufgetragen hatte. Er schrieb also sofort eine Karte ins Bureau, man solle ihm hintelegraphieren, was er zu tun hätte! (Brief 25)

Auf der Reise nach Italien fuhr er mit »ein paar netten frischen italienischen Jungens«, und er beschrieb Mileva, wie die »miteinander sangen und scherzten, so halb wie junge Mädchen, halb wie junge Hunde«. Ein zum ersten Mal nach Italien reisender »Jüngling und Handelsbeflissener« bemühte sich, »die paar italienischen Gelegenheitsbröcklein, die er sich eigens zu diesem Zweck angeschnallt hatte, möglichst elegant und ungezwungen an den Mann zu bringen«. Das sei gerade, »wie wenn einer mit einer Trompete, die nur zwei Töne hat, in einem Orchester mitblasen wollte und immer sehnsüchtig wartet, bis er wieder einen davon ertönen lassen kann« (Brief 6).

Als ein andermal das Wiedersehen kurz bevorstand, empfand er den schriftlichen Austausch als dumm und freute sich: »Am Sonntag küss' ich Dich mündlich.« Weil er sich schon als wissenschaftlichen Assistenten an der Hochschule sah (was er nie wurde), sprach er fröhlich von seiner Zeit als »Oxistent«. Mileva werde gesund und lustig in seinen »Oxistentsarmen« ruhen: »Als Doktorchen und Professorlein busselt sich's ebensogut.« Und immer war er optimistisch und munterte sie auf: »Wir kriegen das reizendste Leben von der Welt.«

Die Briefe Milevas sind, ganz anders als die seinen, auf Moll gestimmt. Einmal sagte sie einen geplanten Ausflug ab, weil ihr ein Tadel ihrer Eltern alle Lust genommen hatte, »nicht nur zu einem Vergnügen, sondern auch zum Leben«. Ein andermal nennt sie ihren Albert und sich »ein trauriges Pärchen«. (Er aber war gar nicht traurig.)

Leider haben sich bis einschließlich 1903, dem Jahr der Eheschließung, nur elf Briefe Milevas erhalten, und diese sind alles andere als inhaltsreich. Sie wird ihm aber, das dürfen wir auch ohne Belege annehmen, von ihrer Heimat erzählt haben und von den Schwierigkeiten, den

Eltern die Zustimmung zum Studium abzutrotzen. Ihr Leben bestand überhaupt fast nur aus Schwierigkeiten. Eine Knochentuberkulose hatte zu der Verkürzung eines Beines geführt, und sie hinkte.

Unwillentlich bestätigte Mileva Marić mit ihrer Behinderung die auch in der Schweiz verbreiteten Vorurteile gegen weibliche Studenten. Gelehrte Frauen seien »Ergebnisse der Entartung«, meinten damals viele: »Nur durch krankhafte Veränderungen kann das Weib andere Talente, als die zur Geliebten und Mutter befähigenden, erwerben.«

Einmal sprach Einstein mit einem Studienfreund über Mileva, und der gestand ihm, daß er nicht den Mut fände, eine Frau zu heiraten, die nicht normal laufen könne. Worauf Einstein geantwortet haben soll: »Sie hat eine liebe Stimme.« Ihr Gebrechen weckte sein Mitgefühl und hat wohl seinen Entschluß, zu heiraten, noch bestärkt. Er hätte es als verächtlich empfunden, das dreieinhalb Jahre ältere Mädchen zu verlassen.

Einstein nannte Mileva sein »gescheites Luder«. Das war lieb gemeint, darf aber nicht ganz wörtlich genommen werden. Offenbar besaß sie nicht die für ein Mathematik- und Physikstudium notwendige Spezialbegabung, und schon die Vorbereitung zum Zwischenexamen wurde ihr zur Qual. Die Diplomprüfung hat sie nicht bestanden, und auch ein zweiter Anlauf blieb ohne Erfolg.

Seit den letzten Jahren des 19. Jahrhunderts wurden auch Frauen zum Studium zugelassen. Es gab aber noch viele Dozenten, die glaubten, daß der Ernst des akademischen Unterrichts »durch Liebeleien leiden« müßte. Ein Berliner Publizist hat damals Professoren, »Frauenlehrer« und Schriftsteller nach ihrer Auffassung befragt und die Blütenlese von Vorurteilen 1897 veröffentlicht. Es wäre »höchst verfehlt«, die Frauen zum akademischen

Leben heranzuziehen, meinte selbst ein so ruhiger und überlegter Gelehrter wie Max Planck: »Amazonen sind auch auf geistigem Gebiet naturwidrig.«[6]

Jede Zeit hat ihre Narrheiten. Im Oktober 1983 erschien die Zeitschrift »Emma« mit einem Aufsatz über Mileva Marić unter der Überschrift »Die Mutter der Relativitätstheorie«. Weil nach Auffassung der Feministinnen den Frauen immer und grundsätzlich Unrecht geschieht, mußte auch Einstein den bedeutenden Anteil seiner Mileva am Zustandekommen der Relativitätstheorie totgeschwiegen haben.

In die Welt gesetzt wurde diese These im Jahre 1969 in einer Biographie über Mileva Marić. Die aus Serbien stammende Verfasserin empfand für ihre Heldin weibliche und nationale Solidarität und hat Mileva mit großem Einfallsreichtum zum Genie hochstilisiert. Fünfzehn Jahre später und im Zeichen der Emanzipation hat die deutsche Übersetzung dieses Elaborats[7] einen erstaunlichen Widerhall in der Presse gefunden. Fast alle deutschen Zeitungen, auch die renommierten, haben die windige Story übernommen.

Vielleicht hätte Einstein über diesen surrealistischen Witz schallend gelacht. Schon 1920 war ihm von den Antisemiten Plagiat vorgeworfen worden. Sie wußten nur nicht so recht, bei wem er abgeschrieben haben sollte.

In den ersten Semestern war Einstein völlig vom Studium absorbiert und führte fast ein Eremitendasein. An seinem 20. Geburtstag äußerte er seiner Schwester gegenüber: Wenn alle Leute so lebten wie er, wäre die Romanschriftstellerei niemals auf die Welt gekommen. Nach drei Studienjahren waren Einstein und Mileva immer noch per Sie, auch wenn er Mileva nun sein »liebes Doxerl« nannte. Er freute sich herzlich, wenn er ihr seine Überzeugung begründen konnte, »daß die Elektrodynamik bewegter Körper, wie sie sich gegenwärtig darstellt, nicht der Wirklichkeit entspricht« (Brief 8).

Die gemeinsamen und bescheidenen Mahlzeiten wurden ihm zu einer lieben Gewohnheit. Dann kochte sie ihm ein »Gofeerl«, womit sie einen Kaffee meinten. Das Glück war vollkommen, wenn seine Mutter einige Leckereien für die »Haushaltung« schickte. So kam er an seinem 21. Geburtstag strahlend mit einer großen Schachtel zu Mileva.

Wer sich dafür interessiert, kann in den vorliegenden Briefen nach Anzeichen dafür suchen, wie sich die Kameradschaft langsam zu einer Liebesbeziehung entwikkelte. »Wie schön war es letztes Mal, als ich Dein liebes Persönchen an mich drücken durfte, wie die Natur es gegeben«, schrieb er im Mai 1901. Ein halbes Jahr später heißt es: »Du fehlst mir sehr; ich finde, jeder rechte Kerl muß ein Mädel haben.«

Wie alle Mütter machte sich auch Pauline Einstein große Sorgen um den Sohn. Nach dem bestandenen Diplomexamen mußte ihr Albert erst von der Prüfung berichten, und dann fragte die Mutter »so recht harmlos«, was denn nun aus Mileva werde:

»Meine Frau«, sag' ich ebenso harmlos, doch auf eine gehörige »Szene« gefaßt. Die kam auch gleich. Mama warf sich auf ihr Bett, verbarg den Kopf in den Kissen und weinte wie ein Kind. Als sie sich von dem ersten Schrecken erholt hatte, ging sie sofort zu einer verzweifelten Offensive über: »Du vermöbelst dir deine Zukunft und versperrst dir deinen Lebensweg« (Brief 14).

Einstein tröstete sein »Hexchen«: Papa und Mama hätten am ganzen Leibe weniger »Starrsinn« als er am kleinen Finger. Er war entschlossen, Mileva zu heiraten, und tat deshalb alles, um eine bezahlte Stellung zu erhalten. »Wirst schon sehen, daß man nicht schlecht ruht in meinen Armen«, machte er der Geliebten und sich selbst Mut. »Wenn's auch ein bisserl dumm anfängt.«

Auf seine Bitte wurden Freunde bei italienischen Professoren vorstellig; er sandte seine Bewerbung auch an das Polytechnikum in Stuttgart und schrieb zweimal an Wilhelm Ostwald nach Leipzig: »Bald werde ich alle Physiker von der Nordsee bis an Italiens Südspitze mit meiner Offerte beehrt haben.«

Mileva sah wie immer schwarz und glaubte nicht, daß ihr Liebster bald eine sichere Position erlangen werde. »Du weißt«, schrieb sie an eine Freundin, »mein Schatz hat ein böses Maul und ist obendrein noch Jude.«

Obwohl auch Einstein manchmal Anwandlungen einer »katzenjämmerlichen Stimmung« überfielen, faßte er sich sehr schnell wieder. »Ich lasse kein Mittel unversucht«, schrieb er seinem Studienfreund Marcel Grossmann, »und lass' mir auch den Humor nicht verderben. Gott schuf den Esel und gab ihm ein dickes Fell.«

Einsteins Eltern jammerten, er habe sich durch sein Eheversprechen ins Unglück gestürzt: »O Doxerl, es ist zum närrisch werden! Du glaubst nicht, was ich leide, wenn ich sehe, wie mich beide lieb haben und so trostlos sind, wie wenn ich das größte Verbrechen begangen hätte und nicht das getan, was Herz und Gewissen mir unwiderstehlich eingaben« (Brief 20).

Mileva besaß eine verhängnisvolle Neigung, die Dinge negativ zu sehen, und er mußte sie immer wieder aufmuntern. Als man ihm am Technikum in Winterthur für zwei Monate die Vertretung eines zum Militärdienst eingerückten Dozenten übertrug, gab ihm das großen Auftrieb: »Wenn ich Dir nur von meinem Glück eingeben könnte, damit Du nie traurig und nachdenklich sein könntest.«

Damals hat Einstein die Arbeitslosigkeit mit dem Schwanken zwischen Hoffnung und Enttäuschung kennengelernt. Er machte sich »zum feierlichen Gelübde«, stets begabten Jünglingen zu helfen, wenn es irgend in seiner Macht stünde.

Ein Vierteljahrhundert später, als Einstein als »Newton des 20. Jahrhunderts« in Berlin wirkte, wurde die Arbeitslosigkeit zum Schicksal von Millionen. In seinem Roman »Kleiner Mann – was nun?« hat der Schriftsteller Hans Fallada das Los eines jungen Verkäufers geschildert, der seine Stellung verliert, gerade in der Zeit, als seine Freundin ein Kind erwartet.

Der größte Mann des Jahrhunderts hat das gleiche Schicksal erlebt wie der kleine Verkäufer Pinneberg. Im April 1901 wurde Mileva schwanger. Einsteins Vertretung in Winterthur war bis Mitte Juli befristet. Er faßte einen »unwiderruflichen Entschluß«:

Ich suche mir eine, wenn auch noch so ärmliche Stellung sofort. Meine wissenschaftlichen Ziele und meine persönliche Eitelkeit werden mich nicht davon abhalten, die untergeordnetste Rolle zu übernehmen. Sobald ich eine solche erhalten habe, verheirate ich mich mit Dir und nehme Dich zu mir, ohne irgend jemand … ein Wort davon zu schreiben … Dann aber kann niemand einen Stein auf Dein liebes Haupt werfen, sondern weh dem, der sich was gegen Dich erlauben wollte (Brief 38).

Aber auch eine »ärmliche Stellung« tat sich nicht auf. Zwei Bewerbungen auf Lehrerstellen am Technikum in Burgdorf und der Kantonsschule in Frauenfeld blieben erfolglos. Am 15. September ging er als Privatlehrer nach Schaffhausen, wo er für ein ganzes Jahr einen jungen Engländer auf das Abitur vorbereiten sollte. Es kam jedoch bald zu Auseinandersetzungen mit dem Leiter des Privatlehrinstituts, und Einstein ist Ende Januar 1902 von Schaffhausen »mit Knalleffekt abgesegelt«.

Mit Rührung liest man in Milevas Brief an ihr »liebstes Schatzerle«, was sie sich alles ausdachte, um zu einer Aussöhnung mit Einsteins Mutter zu kommen. Es war vergeblich. Im Herbst erhielten Vater und Mutter Marić einen Brief von Einsteins Eltern aus Mailand. Wahrscheinlich hat Mileva diesen Brief später vernichtet, denn sie wurde darin, ihrer eigenen Aussage nach, in der herzlosesten Weise beschimpft, »daß es eine Schande war«.

Mileva Marić kehrte zu ihren Eltern nach Novi Sad (Neusatz) in Ungarn zurück. Im Januar 1902 brachte sie dort eine Tochter zur Welt. »Siehst, es ist wirklich ein Lieserl geworden, wie Du es wünschtest«, schrieb Einstein zur Geburt des Kindes. »Ist es auch gesund und schreit es schon gehörig? Was hat es denn für Augerl? Wem von uns sieht es mehr ähnlich?« (Brief 49)

Einstein war inzwischen nach Bern übergesiedelt. Der Vater seines Studienfreundes Grossmann hatte ihn an Friedrich Haller empfohlen, den Direktor des »Eidgenössischen Amtes für Geistiges Eigentum«. In einer eingehenden Prüfung überzeugte sich Haller, daß Einstein eine gründliche wissenschaftliche Bildung und schnelle Auffassungsgabe besaß. »Nun ist kein Zweifel mehr«, jubelte Einstein: »Großmann hat mir schon gratuliert. Ich widme ihm meine Doktorarbeit, um mich ihm irgendwie dankbar zu erweisen.« (Brief 47, vgl. Register)

Mit der Dissertation gab es Ärger. Die an die Universität Zürich gezahlten Promotionsgebühren mußte er sich wieder abholen. Erst 1905, in dem Jahr, in dem Einstein die neue Epoche der Physik begründete, wurde auch seine Doktorarbeit von den Züricher Physikern angenommen. Bei der Widmung an Marcel Grossmann aber blieb es.

Wichtiger als die Promotion war für Einstein die Wahl zum »technischen Experten III. Klasse« am Schweizer Patentamt. Am 23. Juni 1902 hat er überglücklich seine Stellung angetreten.

Gegen Jahresende kam Mileva ohne ihr Kind nach Bern, und am 6. Januar 1903 konnten sie endlich Hochzeit feiern. Trauzeugen waren die beiden Freunde Conrad Habicht und Maurice Solovine, mit denen sich Einstein in den letzten Monaten viele Abende lang in die erkenntnistheoretischen Grundprobleme der Physik vertieft hatte.

Eine Hochzeitsreise konnten sie sich nicht leisten. Als nach dem gemeinsamen Mittagessen mit den Freunden das Paar vor der Wohnung in der Kramgasse 49 stand, mußte Einstein gestehen, daß er den Schlüssel irgendwo liegengelassen hatte.

Damit begann das gemeinsame Leben.

»Das einzige, was noch zu lösen übrig wäre«, meinte er, »das wär' die Frage, wie wir unser Lieserl zu uns nehmen könnten; ich möchte nicht, daß wir es aus der Hand geben müssen.« Von dem »Lieserl« aber hat man nie mehr etwas gehört, und es ist sehr wahrscheinlich, daß es doch zur Adoption weggegeben wurde. In ihrer Ehe hatten Einstein und Mileva dann noch zwei Söhne, den 1904 geborenen Hans Albert und den sechs Jahre jüngeren Eduard.

Während ihm in der Wissenschaft alles glückte, was er begann, verstand er es nicht, mit Mileva richtig umzugehen. Sie war, wie er später urteilte, »durchaus nicht bösartig, aber mißtrauisch, wortkarg und depressiv, bzw. düster«. Er erklärte das mit einer »schizophrenen Erbanlage«. Auch ihre körperliche Behinderung habe »zu dieser psychischen Grundeinstellung beigetragen«.

Obwohl er ihr versichert hatte, sie werde als seine Frau ruhig ihr Köpfchen in seinen Schoß legen können und nie ihre »Lieb' und Treue« zu bereuen haben (Brief 38), war die Ehe bereits nach wenigen Jahren (und noch vor der Geburt des zweiten Sohnes) zerrüttet. »Seelisches Gleichgewicht, das wegen M. verloren, nicht wieder gewonnen«[8], heißt es lapidar in einem Brief vom November 1909. Bei allen Gelegenheiten, auch den unpassendsten, zeigte Mileva rasende Eifersucht.

Ein Fall ist dokumentiert. Das Anneli, für die Einstein einmal geschwärmt hatte – zehn Jahre war es her – und die inzwischen als verheiratete Frau in Basel lebte, hatte in der Zeitung von seiner Ernennung zum außerordentlichen Professor an der Universität Zürich gelesen. Und nun gratulierte sie ihm herzlich. Er antwortete mit dem ihm eigenen Charme, aber keineswegs übertrieben: Er sei also nun ein »großer Schulmeister«, daß sogar sein Name in der Zeitung stehe: »Aber ein simpler Kerl bin ich geblieben, der Welt nichts nachfragt – nur die Jugend ist hin, die entzückende, die alle Tage den Himmel voller Baßgeigen sieht.« Als daraufhin ein weiterer Brief aus Basel eintraf, fühlte sich Mileva veranlaßt, dem Ehemann den Brief seiner Frau mit törichten Bemerkungen über die angebliche Belästigung zurückzuschicken. Einstein blieb nichts übrig, als sich in Basel zu entschuldigen.[9]

»Kein Wunder«, heißt es in einem späteren Brief Einsteins, »wenn unter diesen Verhältnissen die Liebe zur Wissenschaft gedeiht, die mich aus dem Jammertal emporhebt in ruhige Sphären, unpersönlich und ohne Schimpfen und Jammern«.[10]

Es war ihm eine Genugtuung, daß seine Theorien immer mehr Anklang fanden. Bei Vorträgen an der Columbia University in New York gebrauchte der für seine große Zurückhaltung bekannte Max Planck Superlative: Die durch Einsteins Relativitätsprinzip bewirkte Umwälzung sei nur mit der seinerzeitigen Einführung des heliozentrischen Weltbildes durch Nikolaus Kopernikus vergleichbar. Als Einstein vor der französischen physikalischen Gesellschaft in Paris eine Vorlesung hielt, wurde er »mit Ehrungen derart überhäuft«, daß er »vor Scham vergehen zu müssen glaubte«.

Viele Universitäten wollten ihn als Professor gewinnen. Nach ein paar Wanderjahren – von Bern nach Zürich, von dort nach Prag und wieder zurück nach Zürich – erhielt Einstein eine hochdotierte Stellung als ordentliches Mitglied der Preußischen Akademie der Wissenschaften in Berlin. Er hatte das Recht, aber nicht die Pflicht, an der Universität Berlin Vorlesungen zu halten. Seine einzige Aufgabe war nun die Forschung.

Die Physikhistoriker haben lange gerätselt, warum Einstein, der überzeugte Demokrat und Pazifist, den Ruf nach Berlin überhaupt angenommen hat. Zweifellos war Berlin damals – kurz vor dem Ersten Weltkrieg – das Weltzentrum der Wissenschaft, und die Berliner Gelehrten konnten sagen, was einst von Paris gegolten hatte: Nous nous stimulons mutuellement. Es waren auch Berliner Wissenschaftler gewesen, an erster Stelle Max Planck und dann Walther Nernst, die Einsteins Theorien die Anerkennung in der wissenschaftlichen Welt verschafft hatten.

Aber all das zusammen schien immer noch keine zureichende Erklärung für Einsteins Wechsel von Zürich in die Hauptstadt des Deutschen Reiches. Erst die Edition seiner Briefe hat hier Klarheit gebracht. Seine Cousine Elsa, die als geschiedene Frau mit ihren beiden Töchtern in Berlin lebte, veranlaßte ihn zu diesem Umzug.

Einstein hatte im September 1913 auf dem Kongreß der »Deutschen Naturforscher und Ärzte« in Wien einen großen Vortrag über die entstehende »Allgemeine Relativitätstheorie« gehalten und war anschließend nach Berlin gekommen, um seine Cousine zu besuchen. Von nun

56

an fühlte er sich »nicht mehr der gleiche als vorher«: Er habe jetzt jemanden, an den er »mit ungetrübtem Vergnügen denken« und für den er leben könne.

Elsa hatte ihn dringend gebeten, ihre Briefe, die sie an die Züricher Institutsadresse richtete, zu vernichten, und daran hielt er sich. Sie aber bewahrte seine Briefe. Man fand sie nach ihrem Tode in einem Umschlag mit der Aufschrift: »Besonders schöne Briefe aus bester Zeit«.

Ende November 1913 muß Elsa sehr energisch geworden sein, denn in seiner Antwort heißt es: Es tue ihm wohl, wenn er von ihr »etwas Derbes« gesagt bekomme: »Denn sonst werde ich allenthalben als Heiliger und schalenloses Ei traktiert, was ich doch Gottseidank beides nicht bin.« Elsa drängte auf Scheidung, und wie hunderttausend andere Männer erklärte er seiner Geliebten die Schwierigkeiten: »Glaubst Du, es sei so leicht, sich scheiden zu lassen, wenn man von der Schuld des anderen Teils keinen Beweis hat, wenn letzterer raffiniert und – mit Respekt zu sagen – verlogen ist?«

Er schilderte Elsa, daß er Mileva »wie eine Angestellte« behandle, der er allerdings nicht kündigen könne. »Ich habe mein eigenes Schlafzimmer und vermeide es, mit ihr allein zu sein. In dieser Form halte ich das ›Zusammenleben‹ ganz gut aus.«

»Du kannst Dir kaum vorstellen, wie sehr ich mich auf das Frühjahr freue, in erster Linie auf Dich«, heißt es in diesem Brief von Ende November 1913. Auch auf Haber und Planck freue er sich: »Letzterer kommt mir geradezu rührend freundschaftlich entgegen, vom ersteren weißt Du das Gleiche.« Es gab aber auch andere Stimmungen, und Schweizer Freunden gegenüber gestand er, daß er nicht ohne ein »gewisses Unbehagen« das »Berliner Abenteuer« näherrücken sehe. Das kann man politisch interpretieren: Einstein war Pazifist, und in Berlin gab es, wie schon Voltaire konstatiert hatte, mehr

Bajonette als Bücher. Bei dem Ausdruck »Berliner Abenteuer« mag Einstein aber auch an die Konfrontation seiner Frau mit seiner Geliebten gedacht haben.

Trotz aller Probleme war es eine wunderbare Zeit für Einstein, und er fühlte sich – von gelegentlichen negativen Anwandlungen abgesehen – frisch und kampfesfroh. Eine wissenschaftliche Kontroverse mit zwei Kollegen machte ihm ausgesprochenes Vergnügen. »Figaro-Stimmung« meldete er einem Freund: »Will der Herr Graf ein Tänzlein wagen? Er soll's mir sagen! Ich spiel' ihm auf.«

Mileva aber verfiel immer tiefer in Depressionen. Sie weinte ihm »unausgesetzt vor von Berlin und ihrer Angst vor den Verwandten«. Sie fühlte sich verfolgt und glaubte, Ende März habe ihre letzte ruhige Minute geschlagen. »Nun, etwas Wahres ist dabei«, kommentierte er. In Berlin lebte nicht nur Cousine Elsa, sondern es sollte auch Einsteins Mutter Pauline in die Reichshauptstadt übersiedeln, um ihrem Bruder den Haushalt zu führen. »Meine Mutter ist sonst gutmütig, aber als Schwiegermutter der wahre Teufel. Wenn sie bei uns ist, dann ist alles wie von Sprengstoff erfüllt.«

Einstein wollte noch Ende März 1914 einen Kongreß in Paris besuchen, sagte aber seine Teilnahme ab, um früher in Berlin sein zu können. Er komme »haleluja allein«, schrieb er Elsa, »weil mein Kreuz mit den Kindern auf Befehl des Arztes nach Locarno gehen muß zur Erholung«. Als theoretischer Physiker war er den Umgang mit Symbolen gewohnt und schrieb für Mileva, sein »Kreuz«, das Zeichen +. Ein paar Jahre später wurde dann Elsa das Opfer seiner Taktlosigkeit.

Mileva kam erst Ende April 1914, einen Monat nach ihm, mit den Kindern nach Berlin. Noch stärker als vorher klammerte sie sich an ihn. Sie wollte keinen der vielen neuen Kollegen ihres Mannes kennenlernen, nicht

Max Planck, diesen wunderbaren Menschen, nicht seinen neuen Freund und Stammesgenossen, den vitalen und witzigen Fritz Haber, und auch nicht Walther Nernst, den erfolgreichen und eitlen Grandseigneur. Für Milevas Probleme hatte Einstein kein Verständnis. Statt ihr zuzuhören und auf sie einzugehen, war er ärgerlich über ihre Unselbständigkeit. »Das einzige, was ihr fehlt«, meinte er, »ist einer, der über sie herrscht.«

Wenn Einstein am Mittwoch im Physikalischen Kolloquium diskutierte, am Donnerstag in die Akademie und jeden zweiten Freitag in die Physikalische Gesellschaft ging, vergaß er den häuslichen Jammer. Wie ein Kind lebte er dem Augenblick. Keiner der Kollegen, die seine treffenden Bemerkungen und sein lautes Lachen hörten, hätte geglaubt, daß seine Ehe zerbrach.

»Hier ist es ungeheuer anregend«, schrieb er am 25. Mai 1914 an Ehrenfest: »Franck und Hertz haben gefunden, daß Elektronen an Hg-Atomen ... bei 4,8 Voltgeschwindigkeit ihre ganze kinetische Energie verlieren ... Wundervolle Umkehrung des lichtelektrischen Phänomens. Eklatante Bestätigung der Quantenhypothese.«

Kurze Zeit später faßte Einstein den Entschluß, sich von Mileva zu trennen. »Wer würde es aushalten, ohne jeden Zweck sein Leben lang etwas in seiner Nase stecken zu haben, was für ihn einen odiosen Geruch hat, mit der Nebenverpflichtung, ein freundliches Gesicht zu machen?«[13]

Anfang Juli begannen in Berlin die Schulferien, und um diese Zeit muß es gewesen sein. Aus der Schweiz kam der treue Freund Michele Besso, um Mileva und die Kinder zurück nach Zürich zu begleiten. Es war ein rechter Trauerzug zum Bahnhof. Einstein hat nur zweimal in seinem Leben geweint: als 1902 sein Vater starb und jetzt, als seine Familie ihn verließ.

Er faßte sich freilich bald, und nun empfand er ein

unbeschreibliches Behagen, daß er sein »Schloß Seelenruhe« wiedergefunden hatte. »Ich hause ganz allein in meiner großen Wohnung in ungeschmälerter Beschaulichkeit«, meldete er Ehrenfest nach Leiden. Nur die Söhne vermißte er.

Später gab Einstein seiner Frau Mileva nicht einmal die Hauptschuld am Scheitern der Ehe. Er habe da »mit innerem Widerstreben« und »aus Pflichtgefühl« etwas unternommen, was über seine Kräfte ging.

Als er dem Biographen Seelig diese Auskunft gab, war nichts von einem vorehelichen Kind bekannt, und er und Mileva haben es peinlich vermieden, darüber etwas verlauten zu lassen. Uns erscheint das Wort von der aus Pflichtgefühl eingegangenen Ehe jetzt in einem neuen Licht.

Einsteins damalige Briefe, die nun in der Edition in chronologischer Ordnung nach und nach erscheinen, enthüllen uns eine grenzenlose Verachtung gegenüber allen »Weibern«:

> Verglichen mit diesen Weibern ist jeder von uns ein König, denn er steht halbwegs auf eigenen Füßen, ohne immer auf etwas außer ihm zu warten, um sich daran zu klammern. Jene aber warten immer, bis einer kommt, um nach Gutdünken über sie zu verfügen. Geschieht dies nicht, so klappen sie einfach zusammen.[14]

Diese »Einsicht« stammt aber nicht aus der eigenen Lebenserfahrung, vielmehr hat er solche Thesen von seinem geliebten Schopenhauer übernommen. In dessen »Parerga und Paralipomena« liest man, das Weib sei, »seiner Natur nach«, zum Gehorchen bestimmt. Jede Frau, die »in die ihr naturwidrige Lage gänzlicher Unabhängigkeit versetzt« werde, schließe sich alsbald irgendeinem Manne an: »Ist sie jung, so ist es ein Liebhaber; ist sie alt, ein Beichtvater.«

Wie Schopenhauer war auch Einstein der Meinung, daß der Mensch sein Glück in sich selbst finden müsse. Als er jetzt nach der Trennung von Mileva die Arbeit an seiner Allgemeinen Relativitätstheorie wieder aufnahm, erlebte er »eine der aufregendsten, anstrengendsten Zeiten« seines Lebens, »allerdings auch der erfolgreichsten«. Sieben Jahre vorher hatte er mit den diesbezüglichen Überlegungen begonnen, jetzt gelangte er endlich zu den richtigen Feldgleichungen der Gravitation. »Ich war einige Tage fassungslos vor freudiger Erregung«, schrieb er dem Kollegen und Freund Paul Ehrenfest.

Einstein litt also nicht unter der Trennung von Mileva, im Gegenteil. Jetzt fand er die innere Ruhe zur Arbeit. Er war mit diesem Zustand »sehr zufrieden«, obwohl er nur selten von seinen Söhnen hörte. In einem Brief an seinen Freund Besso wurde Einstein noch deutlicher: »Der Frieden und die Gemütsruhe tun mir ungemein wohl, nicht minder das äußerst wohltuende, wirklich hübsche Verhältnis zu meiner Cousine, dessen Dauercharakter durch die Unterlassung einer Ehe garantiert ist.«[15]

Wie so mancher Mann mit einem »wirklich hübschen Verhältnis« wurde auch Einstein unmerklich in den Hafen der Ehe gelenkt.

Zu Weihnachten 1915 kam seine Mutter zu Besuch. Sie hatte immer gewußt, daß Mileva nicht die richtige Frau für ihn war. Leidenschaftlich hatte sie sich damals der Verbindung widersetzt. Gemeinsam mit ihrer Schwester, der Mutter Elsas, sah sie jetzt die Lösung in der Heirat Alberts und Elsas. Einstein erklärte jedoch »des Bestimmtesten«, daß er »die projektierte Ehe nicht eingehen werde«. Es gab Szenen, und die Frauen weinten. Er blieb hart: »Ich habe gelernt, Tränen zu widerstehen.«

Eine neue Situation entstand durch eine ernste Erkrankung Einsteins. Er war rücksichtslos auch sich selbst gegenüber. Da hauste er allein in seiner großen Wohnung in Berlin-Wilmersdorf. Oft hatte er vergessen, Einkäufe zu machen, und dann aß er tagelang nichts. Hauptsache, er hatte zu rauchen. Wenn er eingeladen war, bei dem Industriellen Leopold Koppel oder bei seinem Onkel Rudolf, hielt er sich schadlos und aß auf Vorrat. »Ich habe mir fest vorgenommen, mit einem Minimum ärztlicher Hilfe ins Gras zu beißen«, scherzte er: »Diät: Rauchen wie ein Schlot, Arbeiten wie ein Roß, Essen ohne Überlegung und Auswahl.«[16]

Der geschundene Körper reagierte mit Magenkoliken, und die Ärzte stellten ein Geschwür am Magenausgang oder Zwölffingerdarm fest. Einstein war skeptisch. Es könnten ihm »nur mehr Diagnosen post mortem Vertrauen einflößen«.

Eine Reise in die Schweiz zu den Kindern und zu seiner Mutter erwies sich als »zu strapaziös für den krächeligen Leichnam«. Jetzt griff Einsteins Cousine Elsa energisch ein. Sie holte das »Albertle« in ihre Wohnung und übernahm selbst die Pflege.

Wahrscheinlich haben ihm die Liegekur und die streng überwachte Diät das Leben gerettet. Er war mit seinen Gedanken ständig in »höheren Gefilden«, und wie ein Kind brauchte er jemanden, der ihm sagte, wann und was er essen sollte. Dieses Amt übernahm nun Elsa. Was das bedeutete, erfahren wir aus dem Bericht eines Kollegen. Dieser kam am Nachmittag um drei Uhr zu Besuch. Es ging um ein Thema aus der Kristallphysik, das Einstein fesselte. Um acht Uhr wurden die beiden Herren zum Abendessen geholt, was aber Einstein nicht hinderte, die Diskussion fortzusetzen. Es gab Makkaroni, und Elsa mußte ihn bei jedem Bissen zweimal mahnen, daß er die Nudeln auf die Gabel nahm und daß er sie zum Munde führte. Etwa um Mitternacht schlug der

– inzwischen völlig erschöpfte – Kollege vor, das Gespräch an einem anderen Tag fortzusetzen, bemerkte aber, daß der Sinn seiner Worte nicht bis zu Einstein vordrang. Um zwei Uhr morgens war das Problem gelöst, und recht animiert verabschiedete Einstein seinen Gast.

Einsteins Freund, der Arzt János Plesch, hat ihn einen »Menschen ohne Körpergefühl« genannt: »So unbotmäßig er im Denken ist, ist er auch im vegetativen Leben. Er schläft, bis man ihn weckt; er bleibt wach, bis man ihn zum Schlafengehen ermahnt; er kann hungern, bis man ihm zu essen gibt – und essen, bis man ihn zum Aufhören bringt.«[17]

Elsa kümmerte sich auch um den Umzug, und Anfang September 1917 schrieb er den Freunden: »Meine Adresse ist also Haberlandstraße 5.«

So begann Einsteins zweite, vorerst noch illegitime Verbindung.

Elsa war, anders als Mileva, ein innerlich heiterer Mensch. Auch sonst hatte sie Eigenschaften, die das Zusammenleben erleichterten, auch das Zusammenleben mit einem eigensinnigen Genie. Vor allem war Elsa kontaktfähig und freute sich über die vielen interessanten Menschen, die ins Haus kamen.

Sie hatte es von Anfang an nicht leicht mit ihm. Da gab es die Geschichte mit der Körperhygiene. Elsa war eine ganz normal und natürlich empfindende Frau, und es irritierte sie an ihrem lieben Albert, daß er ungekämmt und ungepflegt herumlief. Sie schenkte ihm eine Haarbürste. In den ersten Monaten wollte er sich Elsas »liebenswürdiger Herrschaft« gerne fügen und benutzte tatsächlich die »borstige Freundin«. Schon nach kurzer Zeit aber rebellierte er mit einer merkwürdigen Begründung: »Wenn ich anfange, mich körperlich zu pflegen, dann bin ich nicht mehr ich selber.«

Eben erst war Elsa seine Geliebte geworden, da war er

schon bereit, sie wieder aufzugeben, weil er sich zu nichts zwingen lassen wollte: »Wenn ich Dir so unappetitlich bin«, meinte er, »dann suche Dir einen für weibliche Geschmäcker genießbareren Freund. Ich aber bewahre mir meine Indolenz, die schon den Vorteil hat, daß mich mancher ›Fatzke‹ in Ruhe läßt.«[18]

So stellte er gleich unter Beweis, daß er nicht bereit war, im Zusammenleben irgendwelche Konzessionen zu machen. Elsa wäre mancher Kummer erspart geblieben, wenn sie sich das rechtzeitig bewußt gemacht hätte.

Wie Einsteins Briefwechsel mit Mileva ist nun auch der mit Elsa bis zum Jahre 1914 ediert. Der Unbeteiligte amüsiert sich über manche witzige Bemerkung. Einmal verstieg er sich zu der These, eine von ihm betriebene Körperpflege wäre nur der Anfang einer (»Gottseibei-mir«) Verberlinerung: »Zum Teufel damit!« Und in einer Grußformel am Ende eines Briefes heißt es: »Also mit kräftigem Fluch und einer Kußhand aus appetitlicher Distanz Dein ehrlich dreckiger Albert.«

Carl Seelig hat in seiner (nun gänzlich veralteten) Biographie von einer »harmonischen Verbindung« zwischen Elsa und Albert gesprochen. Das stimmt leider nicht. Alles in allem aber ging es einigermaßen in den ersten Jahren. Nach der Katastrophe, die er mit Mileva erlebt hatte, dem »sauersten Sauertopf«, war das entschieden ein Gewinn.

Elsa Einstein war früher Schauspielerin und Rezitatorin gewesen und hatte großen Beifall erhalten, wenn sie die Gedichte »Nicht heut« von Hermann Hesse und »Da draußen ging die stille Nacht« vortrug. Es fiel ihr nicht ganz leicht, völlig im Schatten ihres Mannes zu stehen. In Gesellschaft bildete er den Mittelpunkt; jeder wollte sich mit dem berühmten Gelehrten unterhalten. »Und niemand kümmert sich um mich«, klagte Elsa.

Wenn die Einsteins auf ihr Drängen in Gesellschaft

gewesen waren oder selbst einmal eine Einladung gegeben hatten und dann ihre Meinungen austauschten, kopierte Einstein zum Jubel seiner Stieftöchter und nicht ohne Talent den einen oder anderen der Gäste. Das war dann das Stichwort für Elsa. Sie konnte sich in die Rolle eines jeden Menschen versetzen und ihn in Redeweise, Mimik und Gesten nachahmen. »Manch würdiges Vorbild ahnte nicht, wieviel Heiterkeit es in die Familie brachte«? berichtete ein Besucher: »Elsa Einstein machte das wirklich glänzend.«[19]

Mit Einstein verheiratet zu sein, war gewiß nicht einfach. Er besaß Eigenheiten, die man schwer ertragen konnte. Wenn er sich wie oft in ein Thema verbissen hatte, gab es für ihn kein normales Sozialverhalten. Als 1926 einmal der Philosoph Hermann Friedmann zu Besuch kam, zog er sich mit dem Gast sogleich in sein separates Arbeitszimmer zurück. Elsa brachte als aufmerksame Hausfrau ein Tablett mit Erfrischungen und wollte mit den üblichen Fragen beginnen: »Hatten Sie eine angenehme Reise? Wie geht es Ihrer lieben Frau?« Einstein unterbrach: »Du störst. Du weißt gar nicht, wie du störst.«[20]

Immer mußte Elsa auf Taktlosigkeiten gefaßt sein. Ungeniert nannte er sie vor Besuchern »meine Alte« und machte sich über ihren »Geldhunger« lustig. Mileva, seine »Verflossene«, habe sich bei der Scheidung mit den Zinsen aus dem Nobelpreis begnügt, den er damals noch gar nicht besaß: »Elsa hätte mich nicht weggegeben für diese Taube auf dem Dach.«

Als im Oktober 1920 von der Universität Princeton die Einladung an ihn erging, dort Vorlesungen über die Relativitätstheorie zu halten, stellte Einstein so hohe Forderungen, daß er damit Entrüstung hervorrief. Er redete sich damit heraus, daß ihm »gute Freunde in Holland« diesen Rat gegeben hätten, aber andere machten für den faux pas Elsa verantwortlich. Glücklicherweise kam er ein paar Monate später aus ganz anderen Gründen nach Amerika, im Dienste der zionistischen Sache. Er konnte die Vorträge doch noch halten, und zwar zu den in der akademischen Welt üblichen Konditionen, und damit den ungünstigen Eindruck seiner überhöhten Forderungen korrigieren.

In den Vereinigten Staaten äußerte sich Einstein vor Pressevertretern abfällig darüber, daß die Frauen auf ihre Möbel fixiert seien: »Auf der Reise bin ich aber das einzige Möbelstück, und meine Alte kann sich nicht enthalten, den ganzen Tag um mich zu kreisen und an mir etwas zu verbessern.«[21]

Die stärkste Belastung für die Ehe waren Einsteins Affären. Er wirkte wie ein Magnet auf Frauen, und es gab oft peinliche Szenen, wenn ihm die Damen allzu sichtbare Avancen machten. In seinem Reisetagebuch findet sich der Hinweis auf eine namentlich genannte junge Amerikanerin: »Will mit mir ein Liebesabenteuer behufs Reklame.«

Post kam in Massen. Als ihm wieder einmal eine Verehrerin mit der Bitte um ein Autogramm übertrieben huldigte, veranlaßte ihn das zu einem Gedicht.

Dein Grüßchen klingt, ich lach' mich schief,
beinahe wie ein Liebesbrief.
Weil nicht so hart ich wie ein – Stein,
trifft pünktlich diese Antwort ein.[22]

Eine andere Dame, eine Französin, sandte ihm ihr Buch »L'intuition et l'amour« mit der handschriftlichen Widmung: »A l'illustre Professeur Einstein hommage d'une metaphysiçienne Française«. Ein Freund, der die Sendung entgegennahm, bemerkte: »Das Einpackpapier riecht nach Parfüm.«[23]

An den »hochverehrten Herrn Professor«, das »wunderbare Sonnenkind«, schrieb auch Else Lasker-Schüler: »Vielleicht wissen Sie, daß ich eine Dichterin bin«:

> Darf ich Sie mal stören, und darf ich mal kommen eine halbe Stunde, Ihnen etwas erzählen, Ihnen mein neuestes Buch bringen?[24]

Einstein fühlte sich stark angesprochen von allem Weiblichen. Auf der Palästinareise hatte es ihm ein Fellachenmädchen angetan, das mit Brotkneten beschäftigt war, und Frau Elsa mußte ihn gewaltsam losreißen. Auf der Fahrt nach Südamerika war er zwei Monate allein, und schon auf der Hinreise freundete er sich mit der Schriftstellerin Else Jerusalem an, die er seine »Pantherkatze« nannte und die ihm in Argentinien nicht mehr von der Seite wich.

In Berlin besaß Einstein eine Geliebte. Sie war Österreicherin und Witwe eines Chefarztes, sie war gebildet, sah sehr gut aus und lachte viel und gern. Einstein traf sich einmal in der Woche mit seiner Toni. Das Hausmädchen hat mitangehört, wie sich Elsa bei ihren Töchtern bitter beklagte. Ilse und Margot aber sagten: »Du mußt dich eben damit abfinden oder dich von Albert trennen.« Das Hausmädchen kommentierte: »Die Töchter haben da nur von Albert gesprochen, nicht wie sonst von Vater Albert. Und da hörte ich, wie Frau Professor weinte.«

Eifersuchtsszenen gab es häufig. Dann ging Elsa stolz und kühl lächelnd durch die Wohnung und sprach mit ihrem Mann nur noch das Nötigste. In solchen Fällen bemühte sich Einstein, dieses Verhalten zu ignorieren. Bestätigung mag er wieder bei Schopenhauer gefunden haben, der die Monogamie als »widernatürlich« bezeichnet und konstatiert hatte, daß »jeder Mann viele Weiber« brauche.

Gegenüber János Plesch sagte Einstein um 1925: »Die Ehe ist bestimmt von einem phantasielosen Schwein erfunden worden.« Als Plesch ihn dreißig Jahre später noch einmal darauf ansprach, lachte Einstein, hielt seine These jedoch aufrecht.

Elsa hielt ihrem Manne vor, daß er sich nicht um sein Äußeres kümmere. Aber auch sie ließ sich gehen. Ihr Gesicht war schwammig geworden und das Haar grau. Auf ihre Figur achtete sie nicht mehr. Besucher schenkten ihr regelmäßig Pralinen, denen sie nicht widerstehen konnte. Ihr fehlte, was seinerzeit auch Mileva so schmerzlich vermißt hatte, die Zuwendung des Lebenspartners.

Wirklich dankbar war Elsa ihrem Manne aber für seine väterliche Zuneigung zu ihren Töchtern. Die zarte und durchgeistigte Ilse arbeitete ein paar Jahre als Privatsekretärin für Einstein. Sie heiratete 1926 Dr. Rudolf Kayser, einen Lektor des S. Fischer-Verlages, der später unter einem Pseudonym eine Biographie über Einstein schrieb, die aber nur in Englisch erscheinen durfte. Nach längerem Suchen fand die jüngere Margot schließlich – von Einstein taktlos kommentiert – ebenfalls einen Mann. Auch dieser Dimitri Marianoff verfaßte, als seine Ehe mit Margot längst geschieden war, eine Biographie, von der sich Einstein ausdrücklich distanziert hat.

Einstein hing sehr an seinen beiden Söhnen, die bei Mileva in Zürich lebten. Gegen ihren Widerstand hat er sich immer darum bemüht, mit Hans Albert und Eduard in den Ferien Wanderungen und Segeltouren zu unternehmen.

Im Mai 1925 wurde Hans Albert volljährig. Einstein war hellauf entsetzt, als er erfuhr, daß sein Ältester bereits im »suggestiven Bann« einer »sehr energischen und zielbewußten Evastochter« stand. Mit der Heirat war Einstein ganz und gar nicht einverstanden. Wie sich seine Eltern seinerzeit gegen seine Verbindung mit Mileva aufgelehnt hatten, opponierte er jetzt ebenso heftig und ebenso vergeblich. Seine Mutter hatte ihn damals gewarnt, eine ältere Frau zu heiraten: »Bis du dreißig bist, ist sie eine alte Hex'.« Jetzt sprach er ähnlich häßlich über seine Schwiegertochter, die »Schachtel«, die »ganz klein ist, einen Kropf ... [und] die Mutter im Irrenhaus hat und zehn Jahre älter ist«.[26]

Daß Hans Albert die Ingenieurslaufbahn einschlug, paßte ihm ebenfalls nicht. »Ich sollte ursprünglich auch Techniker werden«, erklärte er: »Aber der Gedanke, die Erfindungskraft auf Dinge verwenden zu sollen, welche das werktägliche Leben noch raffinierter machen mit dem Ziel öder Kapitalschinderei, war mir unerträglich.«

Sein 1910 geborener zweiter Sohn Eduard machte Einstein durch seine vielen Krankheiten große Sorgen, und er sinnierte: »Ob es nicht besser wäre, wenn er Abschied nehmen könnte, bevor er das Leben richtig gekannt hat?« Als Halbwüchsiger entwickelte sich »Tete« zu einem geistvollen Bücherwurm:« Er dichtet, spielt Bach auswendig, ist aber recht kindlich und unpraktisch.« Der hochaufgeschossene »Lieblingsjunge« des Vaters schaffte 1929 noch das Abitur in Zürich, mußte aber dann nach einem Selbstmordversuch in eine Nervenheilanstalt. »An Albert nagt es; er wird schwer damit fertig. Viel schwerer, als er zugibt.« Mit großem Mitgefühl beobachtete Elsa ihren Mann: »Er strebt stets danach, gänzlich unverwundbar in allen menschlichen Angelegenheiten sein zu können. Ist es auch weit mehr, als alle Menschen, die ich kenne. Aber diese Begebenheit war und ist schrecklich für ihn.«[27]

Die Wissenschaft besteht darin, die schwierigeren Probleme auszuklammern und die leichteren zu lösen. Auch was sein Leben betraf, war Einstein ein Meister dieser Methode. Er schickte Geld und überließ die Sorge um Eduard mehr oder weniger seiner ersten Frau und seinen Züricher Freunden. Von einem Beitrag Einsteins zur Erziehung seines Sohnes allerdings wissen wir: Er brachte zu dessen »Privatgebrauch« Maximen über Frauen und Liebe zu Papier.

Einstein war ein überzeugter Demokrat, und zum Demokraten gehört das politische Engagement. Zwar war die Hauptsache in seinem Leben immer die Wissenschaft, auf die er seine Kraft konzentrierte, aber er hat auch seine Mitverantwortung in der res publica stets sehr ernst genommen. Energisch trat er für eine weltweite Abrüstung und die Aussöhnung der Kriegsgegner ein. Entschlossen stellte er sich den Nationalsozialisten entgegen; ihren Haß hat er sich sozusagen redlich verdient.

Zur Zeit der Machtergreifung befand sich Einstein glücklicherweise nicht im Lande, sondern als Gastprofessor in Pasadena in Kalifornien. Bereits im März 1933 geißelte er in einem Interview die Verfolgung der Juden und der politischen Gegner und machte klar, daß er nur in einem Land leben wolle, in dem die Menschenrechte garantiert sind.

Am neu gegründeten »Institute for Advanced Study« in Princeton, fünfzig Meilen südlich von New York, fand er eine neue Wirkungsstätte. Mit ihm kamen Frau Elsa, Stieftochter Margot, die Sekretärin Helene Dukas und der Assistent Walther Mayer. Nicht mit nach Amerika gingen Einsteins Stieftochter Ilse und ihr Mann Rudolf Kayser. Sie fanden in den Niederlanden Zuflucht.

Die Einsteins hatten in Caputh bei Berlin ein bequemes Sommerhaus besessen. Das war ebenso verloren wie das schöne Segelboot, der »Tümmler«, das ihm Verehrer zum 50. Geburtstag 1929 geschenkt hatten. Unter dem Vorwand einer polizeilichen Haussuchung plünderte im Frühsommer 1933 eine wilde SA-Truppe die Stadtwohnung der Einsteins, als dort nur drei Frauen anwesend waren: Stieftochter Ilse, die Sekretärin Helene Dukas und das Hausmädchen. Sie transportierten Teppiche, Bilder, das Silber und Teile der Garderobe mit einem Lastwagen ab. Gestohlen haben die tapferen deutschen Männer auch einige wertvolle persönliche Erinnerungsstücke.

Gestützt auf einen Erlaß des Preußischen Innenministeriums, aber darum nicht minder unrechtmäßig, wurden auch die Bankkonten gesperrt und das Geld schließlich eingezogen, worüber sich Frau Einstein sehr aufregte. Sie wollte ihren Albert veranlassen, dagegen vorzugehen. Er aber lehnte kategorisch ab, seinen Einfluß für seine Privatangelegenheiten zu gebrauchen, und machte über den Verlust in gewohnter Weise seine Scherze: Ja, Segelschiff und Freundinnen seien in Berlin geblieben. »Hitler hat aber nur ersteres genommen, was für letztere beleidigend ist.«

Die ersten Jahre in Princeton lebten die Einsteins zur Miete. Sie erwarben dann ein eigenes Haus, Mercerstreet 112, mit einem »zauberhaft schönen Garten«. Es war 120 Jahre alt, »für amerikanische Verhältnisse also urväterlich«, wie Elsa berichtete: »Ganz das krasse Gegenteil von Caputh, das so amerikanisch-hypermodern anmutete.«

Das Haus in Caputh hatte seinen Stieftöchtern gehört. Jetzt wurde Elsa als Eigentümerin eingetragen. Er wollte keinen Besitz.

Die großen Möbelwagen standen noch vor der Tür, als Frau Elsa ihre Augenlider anschwellen fühlte. Ein paar Tage später bestätigte der Augenarzt in New York die schlimmen Befürchtungen. Das Ödem war Folge einer schweren Nieren- und Herzinsuffizienz.

Elsas älteste Tochter, Frau Ilse Kayser, war 1934 in Paris verstorben. Danach hatte Elsa drei Monate nicht geschlafen und war »körperlich abgewirtschaftet«. Mit ihrer Tochter hatte sie auch ihre Fröhlichkeit und ihren Lebenswillen verloren: »Käme jetzt mein Ilschen herein, wäre ich sofort ganz gesund.« Mit Rührung beobachtete sie, wie ihr Albert seit ihrer Erkrankung »elend und gedrückt herumging«. Nie hätte sie gedacht, daß er derart an ihr hängen würde: »Das tut auch gut.«

In seinen Briefen spürt man davon nichts. Den Sommerurlaub verbrachte Einstein am Saranac Lake im Norden des Staates New York. Seinen Freunden berichtete er, daß sie »hier oben alle wohl und vergnügt« seien und glossierte in gewohnter Weise seine Zeitgenossen.

Am 3. Dezember 1936 diktierte Elsa ihm ihr Testament und vermachte Haus und Grundstück ihrer Tochter Margot. Am 20. Dezember 1936, vier Tage vor Weihnachten und einen Monat vor ihrem 61. Geburtstag, starb Elsa Einstein.

In den Zeitungen stand, Einsteins »Guide, Guard, Mentor« sei mit 58 Jahren verstorben. Das war keine journalistische Nachlässigkeit. In der Sterbeurkunde waren offiziell 58 Jahre, 11 Monate und 2 Tage als erreichtes Alter ausgewiesen. Elsa war über drei Jahre älter als Albert und hatte sich bei der Registrierung in Princeton um genau zwei Jahre jünger gemacht.

Einen Monat nach dem Tod Elsas fand Einstein unter seiner Post einen Brief des alten Freundes und Kollegen Max Born. Es ging um zwei Wissenschaftler, denen Einstein helfen sollte. In seiner Antwort berichtete er in der üblichen Kürze auch von seinem persönlichen Wohlergehen: Er habe sich in Princeton vortrefflich eingelebt, »hause wie ein Bär in seiner Höhle« und fühle sich mehr zu Hause als je in seinem wechselvollen Leben. Nach der Schilderung, wie gut er es doch getroffen habe, fährt Einstein wie beiläufig fort: »Diese Bärenhaftigkeit ist durch den Tod der mehr mit den Menschen verbundenen Kameradin noch gesteigert.« Born hat es als sehr merkwürdig empfunden, daß Einstein den Tod seiner Frau gleichsam nur nebenbei anzeigt.[28]

Elsa hatte schon recht gehabt: Einstein war ein »herrlicher Ethiker«. Seine Sorge galt dem jüdischen Volk und der Behauptung der Demokratie gegen die Fluten des Nationalsozialismus. Und natürlich seiner Wissenschaft. Da durfte er sich nicht im Jammer über ein einzelnes Menschenschicksal verlieren.

Auch von Mitgefühl für Mileva, die als geschiedene Frau einsam in Zürich lebte und mit der Sorge für den schizophrenen Sohn Eduard belastet war, finden wir keine Spur. Während er die Einsamkeit als »köstlich« empfand, litt Mileva unter ihrem Schicksal. Als Otto Nathan in Flüchtlingsangelegenheiten nach Europa fuhr, besuchte er in Einsteins Auftrag auch die »teure Ehemalige« in Zürich. Einstein konnte es nicht lassen, über die Unglückliche und ihre »ungewöhnliche Häßlichkeit« zu spotten. Gegenüber dem Junggesellen Nathan, der Mileva noch nicht kannte, meinte er: »Anbinden brauchen Sie sich nicht zu lassen wie der selige Odysseus bei den Sirenen.«[29]

Als sich ein Biograph bei Einstein nach Mileva erkundigte, schrieb ihm dieser, daß sie sich mit der Trennung und Scheidung innerlich nie abgefunden habe: »Es bildete sich eine Einstellung heraus, die an das klassische Beispiel der Medea erinnert.« In der Argonautensage wird Medea, getrieben von der Furie der Rachsucht, zur Mörderin der Nebenbuhlerin und der eigenen Söhne, als sich ihr Gemahl Jason einer anderen Frau zuwendet.

Es schmerzte Einstein, daß Mileva die beiden Söhne gegen ihn beeinflußte. »Gegen alles, was meine Familie heißt, haben die Buben einen Stachel eingesetzt bekommen«, klagte er gegenüber seiner Schwester.

Aus den Tagebüchern Thomas Manns wissen wir, mit welcher Geringschätzung der große Dichter über manche Kollegen sprach. Da war Einstein anders. Er lobte auch eine bescheidene Leistung. Scharf war sein Urteil nur über die menschlichen Qualitäten seiner Zeitgenossen. Die verehrte Marie Curie nannte er eine »Heringsseele«; ihr einziger Gefühlsausdruck sei »das Schimpfen über Dinge, die sie nicht mag«. Und ihre Tochter Irène (die spätere Nobelpreisträgerin Joliot-Curie) sei noch schlimmer, »wie ein Grenadier«. Besonders drastische Worte fand Einstein für Mileva, seine »Verflossene«.

Einstein war im Grunde sehr gutmütig, und János Plesch hat einmal gesagt, es sei sehr schwer, sich ihn zum Feinde zu machen: »Aber wen er einmal aus seinem Herzen gestoßen hat, der ist für ihn auf immer erledigt.« Dieses Schicksal traf Mileva.

Wie gut und wie schlecht sich Einstein auch fühlte, er machte über alles und jeden, insbesondere über sich selbst, seine kleinen Scherze. Als er einmal einer Nichte über die Familie Auskunft gab, sagte er, daß es ihm gut gehe und er wie ein Wilder auf seinem Steckenpferd herumreite, was seine Ausdrucksweise war für die geradezu besessenen Anstrengungen, doch noch zu einer »Einheitlichen Theorie« von Gravitation und Elektrodynamik zu kommen. Und auch Margot gehe es schon viel besser, »seit sie ein Sex-Hormon kriegt, das von Säuen oder Kühen gewonnen« werde. Das zeige, »daß wir alle ungefähr an demselben Strick gezogen werden«.[30]

Trotz seiner beruhigenden Auskünfte war Einstein nicht gesund und rechnete immer damit, einmal recht plötzlich »absegeln« zu müssen. In seinem Testament bedachte er Mileva und den im Sanatorium untergebrachten Sohn Eduard, Schwester Maja sowie seine Stieftochter Margot und seine Sekretärin Helen Dukas. Soweit aus dem Legat für Eduard bei dessen Tod noch Vermögen vorhanden sein würde, sollte dieses dem älteren Sohn Hans Albert zufallen.

Mileva aber starb vor ihm, am 4. August 1948. Bei der Regelung der Vermögensangelegenheiten fand sich mehr Geld als erwartet. »Es ist etwas Komisches in der ganzen Tragik«, kommentierte Einstein: »Mileva hat wie eine echte serbische Bauerntochter gehandelt, indem sie ihre Verhältnisse erfolgreich uns gegenüber verschleierte.«[31]

Viel besser als je mit seinen Frauen vertrug sich Einstein mit seiner Schwester, wahrscheinlich deshalb, weil Maja keine Ansprüche an ihn stellte. Nach der Einführung der Judengesetze im faschistischen Italien mußte sie 1939 das Land verlassen und fand Aufnahme bei ihrem Bruder in Princeton. Sie standen bald »wieder genau so innig« zusammen wie als junge Leute.

Als sie noch mit ihrem Mann auf ihrem kleinen Hof in der Toscana lebte, hatten Gäste sie »Sonne« genannt, offenbar, weil sie eine starke Ausstrahlung besaß. »Jetzt würdest Du mir den Namen wohl kaum mehr geben«, schrieb sie einer Freundin. Ihr Bruder sei jetzt ihre Sonne, und sie lasse sich »so gerne von ihm bescheinen«.

Maja Winteler-Einstein war an Arteriosklerose erkrankt und seit Ende 1946 ganz ans Bett gefesselt. Jeden Abend las ihr der »so gute große Bruder« aus den Werken bedeutender Philosophen und Schriftsteller vor. »Ich freue mich jeden Tag auf die Stunde«, berichtete sie, »und habe die Genugtuung, daß er sich ebenso darauf freut.« Wenn sie Verständnisschwierigkeiten hatte, gab er die nötigen Erklärungen. Mit Recht empfand sie das als ein besonderes Privileg. Darum werde sie »wohl gar mancher beneiden«.

Maja delektierte sich auch an einem biographischen Aufsatz in der Zeitschrift »American Scholar«, den sein Mitarbeiter Leopold Infeld verfaßt hatte. Einstein mochte »nichts über sich selber« lesen. »Aber ich tu's gern«:

Ihr werdet denken, ich sei eine verliebte Schwester. Dies ist auch gar nicht verwunderlich nach der Sorgfalt und Liebe, die ich durch ihn hier genießen durfte.[32]

Mitte Juni 1951 stürzte Maja beim Aufstehen, und obwohl es kein schwerer Fall war (»es war mehr ein allmähliches Gleiten«), zog sie sich einen häßlichen Bruch des Oberarmknochens zu. Im Krankenhaus von Princeton wurde sie wegen der starken Schmerzen völlig stillgelegt. Nach wenigen Tagen erlag sie einer Lungenentzündung. »Nun fehlt sie mir mehr, als man sich leicht vorstellen kann«, schrieb Einstein an die Verwandten.

Gegenüber seinen beiden Frauen hatte Einstein, was die menschlichen Beziehungen betraf, versagt. Deshalb hob er an seinem Freund Michele Besso als besonders bemerkenswert hervor, daß dieser es fertigbrachte, »viele Jahre lang nicht nur im Frieden, sondern sogar in dauernder Konsonanz mit einer Frau zu leben«. An diesem Unterfangen sei er »zweimal ziemlich schmählich gescheitert«.

Gescheitert war Einstein aber auch in den Beziehungen zu seinen Kindern. Die Tochter, das »Lieserl«, hatten sie zur Adoption weggegeben. Der jüngste Sohn Eduard lebte verlassen als Geisteskranker in einer Anstalt, Einstein war seit 1933 nicht mehr bei ihm gewesen. Blieb der älteste Sohn Hans Albert, der als Professor der Hydraulik in Berkeley an der Universität von Kalifornien wirkte. Mileva hatte ihn gegen seinen Vater beeinflußt. Die Entfremdung verstärkte sich seit der Heirat Hans Alberts im Jahre 1927. Mit seiner »sauberen Schwiegertochter«, wie sich Einstein ausdrückte, hat er sich nie ausgesöhnt. Er verübelte seinem Sohn, daß er sich von ihr bevormunden ließ. Nach Einsteins Meinung durfte es in einer Ehe niemals heißen: »Meine Frau und

ich haben beschlossen«; richtig sei nur: »Ich habe beschlossen.«

Eine partnerschaftliche Verbindung ist mit einer solchen Einstellung nicht möglich, was er auch selbst empfunden hat. Er nannte sich einen »Einspänner«, der allen
Menschen gegenüber, auch den nächsten Angehörigen,
»ein sich nie legendes Gefühl der Fremdheit und des
Bedürfnisses nach Einsamkeit empfunden« habe. Schon
der Zweiundzwanzigjährige meinte, es kämen ihm alle
Menschen so fremd vor, »wie wenn sie durch eine unsichtbare Wand« von ihm getrennt wären. 1922 hieß es
ganz ähnlich im Reisetagebuch: »Glasscheibe zwischen
Subjekt und anderen Menschen.«

Innerlich verbunden gefühlt hat er sich mit seinem
Kollegen Paul Ehrenfest. Als dieser wieder einmal von
Depressionen heimgesucht wurde und in einem Brief
meinte: »*Du* hast niemanden nötig – *ich* Dich aber sehr«,
ging Einstein aus sich heraus. Seine menschlichen Beziehungen seien dürftig und spärlich: »Ich habe Deine
Freundschaft ebenso notwendig, vielleicht notwendiger
als Du die meine.« Das Haus des Freundes in Leiden war
Einstein eine willkommene Zuflucht; dorthin hatte er
sich 1923 nach den antisemitischen Ausschreitungen in
Berlin und nach dem Wahlsieg der Nationalsozialisten im
Hochsommer 1932 gerettet. Aber der sensible Freund
hat seinen Lebensweg nur zwei Jahrzehnte begleitet; er
schied im September 1933 freiwillig von dieser Welt.

Es mag sein, daß ihm im Alter die Anwesenheit seiner
Schwester zu einer lieben Gewohnheit geworden ist. Aus
Briefen an die Verwandten muß man schließen, daß
Maja als eine verwandte Seele ihm, dem »Einspänner«
und »Steppenwolf«, wenigstens zeitweise das Bewußtsein
vermittelt hatte, auf dieser Welt doch nicht ganz allein zu
stehen.

Im übrigen hat er sich überall, wo er lebte, in der

Schweiz, in Prag, in Berlin und in Princeton als Fremd-
ling und Außenseiter gefühlt. Bei ihm bestätigte sich die
These seines Lieblingsphilosophen, daß »die Eminenz
des Geistes zur Ungeselligkeit« führt. Obwohl er versi-
cherte, die Einsamkeit sei nur in der Jugend schmerzlich,
im Alter aber köstlich, klingt der Brief des Siebzigjähri-
gen wie eine Klage:

> Ich hab' mich kaum je unter den Menschen so fremd
> gefühlt als gegenwärtig, oder ist es eine Täuschung
> durch Vergessen?[33]

Die Briefe

1 Mileva an Albert
　　　　　　[Heidelberg, nach dem 20. Oktober 1897][1]

Es ist schon ziemlich lange her, dass ich ihren Brief bekommen, und ich hätte ihnen gleich geantwortet, hätte
Ihnen gedankt für die Aufopferung 4 lange Seite geschrieben zu haben, hatte auch meiner Freude n'bissel
ausdruck gegeben, die sie mir durch unsere gemeinsame Tour bereitet, aber sie sagten, ich sollte Ihnen
schreiben, wenn ich mich einmal langweilen sollte. Und
ich bin sehr folgsam (sie können Frl. Bächtold[2] fragen)
und wartete und wartete, bis die Langweile eintreten
sollte; aber bis heute ist mein Warten vergeblich gewesen, und ich weiss wirklich nicht, wie ich das anstellen
soll; ich könnte bis in alle Ewigkeit warten, aber dann
hätten Sie Recht, wenn Sie mich für eine Barbarin hiel-
ten, und schreibe ich, ist wieder mein Gewissen nicht in
Ordnung.

Ich wandle jetzt, wie Sie's schon erfahren haben, unter
deutschen Eichen im lieblichen Neckartale, das jetzt leider schlegeldicken Nebels schamhaft seine Reize verhül-
len, und ich kann mir meine Augen rausgucken, ich sehe
doch nur ein gewisses Etwas, so öde und grau wie die
Unendlichkeit.

Ich glaube nicht daran, dass der Bau des Menschlichen
Schädels schuld ist, dass der Mensch das Unendliche
nicht fassen kann, das könnte er gewiss auch, wenn man
nur nicht den kleinen Mann in seinen jungen Tagen, wo
er das Begreifen lernt, nicht so grausam an die Erde,
oder gar an ein Nest, in die engen 4 Wände einsperren
würde, sondern ihn ein bissel spazieren liesse in's Weltall
hinaus. Ein unendliches Glück kann sich der Mensch so
gut denken, und das unendliche des Raum sollte er fassen können, ich glaub das müsste noch viel leichter sein.
Und die Menschen sind so gescheidt, was sie schon alles

geleistet, das sehe ich wieder auch da bei den Heidelberger Proffessoren.

Mein Papa[3] hat mir etwas Tabak mitgegeben, und ich sollte es durchhaus ihnen einhändigen, er wollte ihnen so gerne das Maul wässern machen nach unserem Räuberländchen. Ich habe ihm von ihnen erzählt; sie müssen durchaus einmal mit. Da würden Sie sich aber herrlich unterhalten! Aber werde schon die Rolle eines Dolmetsches übernehmen. – Ich kann es ihnen aber nicht gut schicken, Sie würden es verzollen müssen, und dann wünschten sie mich sammt meinem Geschenk in's Pfefferland.

Ist es Herr Sänger,[4] der ein Förster geworden ist? Der arme will warscheinlich seine Liebe in einem höchst romantischen Schweizerforst ausschnaufen. Aber es geschieht ihm Recht, was braucht verliebt er sich noch heutzutage, das ist schon so eine uralte Geschichte was die Menschen nicht alles wissen, man könnte sein Lebtag dasitzen und zuhören und sie wüssten einem immer noch was zu erzählen, alles was sie selbst herausgefunden. O das war zu nett gestern in der Vorlesung vom prof. Lenard,[5] er spricht jetzt über die Kinetische Wärmetheorie der Gase;[6] da stellte es sich also heran die Moleküle des O mit einer Geschwindigkeit von über 400 m. in einer Seckunde bewegen,[7] dann rechnete der gute Prof. und rechnete, stellte Gl[eichungen] auf, differen[zierte], integrierte, setzte ein, und endlich kam es heraus, dass diese Moleküle sich zwar mit dieser Geschwindigkeit bewegen, aber dass sie nur einen Weg von 1/100 von einer Haarbreite zurücklegen.

[Brief unvollständig]

Zürich, Mittwoch. [16. Februar 1898]

Geehrtes Fräulein!

Endlich besiegte die Lust, an Sie zu schreiben, das schlechte Gewissen, das mich verfolgte, weil ich Ihnen schon so lange nicht geantwortet, & das mich vermeiden ließ, Ihnen unters kritische Auge zu treten. Nun, eins müssen Sie mir doch zu gute halten, wenn Sie mir auch mit Recht ein wenig zürnen, nämlich, daß ich zu meiner Sünde nicht noch mich hinter schlechten Ausreden verschanze, sondern Sie einfach & schlicht um Verzeihung und – um recht baldige Antwort bitte.

Ich bin sehr erfreut über Ihre Absicht, wieder hier weiter zu studieren. Thun Sie das nur recht bald[1]; Sie werden es gewiß nicht bereuen. Ich bin fest überzeugt, daß es Ihnen möglich sein wird, die hauptsächlichen Kollegien, welche wir hatten, in verhältnismäßig kurzer Zeit nachzuholen. Allerdings bin ich sehr in Verlegenheit, wenn ich Ihnen sagen soll, was wir durchgenommen. Sie werden eben den Stoff in solcher Anordnung und Beleuchtung nur hier finden.

Hurwitz las Differenzialgleichungen (exklusive der partiellen), daneben Fouriersche Reihen, ein wenig Variationsrechnung & Doppelintegrale.[2] Herzog Dynamik & Festigkeitslehre, letzteres sehr klar und gut – in der Dynamik etwas oberflächlich, wie es bei einem »Massenkolleg« ganz natürlich ist.[3] Weber las über die Wärme (Temperatur, Wärmemengen, Wärmebewegung, dynamische Gastheorie) mit großer Meisterschaft. Ich freue mich bei ihm von einem Kolleg aufs andere. Fiedler liest projektivische Geometrie, derselbe undelikate, rohe Mensch wie früher & dabei manchmal undurchsichtig, doch immer geistvoll & tief – kurz ein Meister, aber leider auch ein arger Schulmeister. Das einzige sonstige Kolleg von Belang, das Ihnen sehr zu thun geben wird, ist die

Zahlentheorie,[4] doch Sie können ja dieses Fach gelegentlich durch Privatstudium nachholen.

Wenn ich mir erlauben darf, Ihnen einen Rat zu geben (ganz selbstlos?), so ist es der, möglichst bald hierher zu kommen, denn da finden Sie ja alles in unsern Heften[5] gedrängt beisammen, was Sie brauchen. Sie könnten ja vorsichtshalber vorher noch brieflich bei Hurwitz anfragen,[6] ob er einverstanden ist. Ich glaube, daß es über kurz oder lang Ihnen auch wieder möglich sein wird, wieder bei Bächtholds zu wohnen, weil ein Zimmer nicht definitiv vermietet ist.[7] In Ihrer früheren netten Bude haust freilich der bewußte Züricher Philister & Sie müssen Verzicht leisten... Geschieht Ihnen gerade recht, Sie kleine Ausreißerin!

Jetzt muß ich aber weiterstreben.

Es grüßt Sie herzlich Ihr

Albert Einstein

3 *Albert an Mileva*

[Zürich, nach dem 16. April 1898][1]

Geehrtes Fräulein!

Als ich soeben heimkam, fand ich die Wohnung verschlossen & niemanden zuhause, so daß ich wieder schmählicher Weise abziehen mußte.

Ich bitte Sie daher, es mir nicht übel zu nehmen, wenn ich Ihnen in meiner Not den Drude entführe,[2] um ein wenig studieren zu können. Es grüßt Sie freundlich Ihr

Albert Einstein.

4 Albert an Mileva

[Zürich, nach dem 16. April 1898][1]

L[iebes] F[räulein] M[arić]!

Seien Sie bitte nicht böse, daß ich mich so lange nicht blicken ließ. Ich war nämlich ernstlich unwohl, so daß ich das Zimmer nicht zu verlassen wagte. Noch heut bin ich etwas schwach auf den Beinen. Trotzdem war ich so kühn, mich zu einem Bummel für heut Nachmittag aufzuraffen. Ich habe Frau Bächth[old] gesagt, sie solle von der Tafelrunde alle einladen, die Lust hätten, & bitte Sie, auch jemand von diesen sein zu wollen. Sollten Sie aber nicht kommen, so werde ich Sie baldigst besuchen, wenn ich mich irgend wohl fühle. Sollte ich nicht können, so erwarte ich Ihren baldigen Besuch.

Es grüßt Sie freundlich Ihr

Albert Einstein.

Den Schmöker[2] habe ich schon halb ausgelesen. Ich finde ihn sehr anregend & reichhaltig, wenn auch das Einzelne manchmal an Klarheit & Präzision zu wünschen übrig läßt.

5 Albert an Mileva

[Zürich, nach dem 28. November 1898][1]

Geehrtes Fräulein!

Marco Besso ist Sonntag Nacht gestorben.[2] Ein schrecklicher Schmerz für seine Angehörigen, aber doch besser als ein klägliches Leben.

Wenn es Ihnen recht ist, komme ich heut Abend zum Lesen zu Ihnen. Ihr

Albert Einstein.

6 *Albert an Mileva*

[Mailand,] Montag [13. oder 20. März 1899][1]
Liebes [Saud?]!

Dadurch, daß mir soeben der Kopf tüchtig gewaschen worden ist, hab ich mich lebhaft an Sie erinnert, was gleich mit einem Schreibebrieferl dokumentiert werden soll.

Dem Muster das Muster (natürlich ohne Wert). Ist es schon angekommen? Wenn nicht, dann brauchen Sie nicht so profitlich zu schmunzeln. S'ist nichts zum Fres-[s]en. Ja so – das Brieferl wird auch noch nach berühm-ten Mustern ins Muster fürs Muster gesteckt – frisch gewagt ist halb gewonnen.

Zuhause gehts mir famos; ich habe die Zeit sehr viel mit den innerlichsten Freuden zugebracht, das heißt, recht viel gegessen & recht gut, so daß ich auch schon ein wenig an unserm poetischen Lieblingsleiden gelitten habe, wie damals, als ich bei Sterns[2] Stunden lang neben meiner berückenden, liebreizenden Tischnachbarin ge-sessen war. Damals hat sich mir in grellen Farben geof-fenbart, wie nahe unser psychisches & physiologisches Leben verknüpft ist.

Auf der Reise war es sehr nett, trotzdem leider lauter männliche Wesen im Wagen waren. Da waren so ein paar nette frische italienische Jungens, die miteinander san-gen & lachten & scherzten, so halb wie junge Mädchen, halb wie junge Hunde. In Chiasso[3] ist mirs gut gegangen. Der Kerl hat doch nichts rechts, hat sich halt der schlaue Beamte gedacht. Während ich mich dann auf der ferne-ren Reise mit einem jungen Mann über italienische Ver-hältnisse angelegentlichst unterhielt, bemühte sich ein zum ersten Male nach Italien reisender deutscher Jüng-ling & Handelsbeflissener, die paar italienischen Gele-genheitsbröcklein, die er sich eigens zu diesem Zweck angeschnallt hatte, möglichst elegant & ungezwungen an den Mann zu bringen. Das war gerade, wie wenn einer mit einer Trompete, die nur 2 Töne hat, in einem Orchester mitblasen wollte & immer sehnsüchtig wartet, bis er wieder einen davon ertönen lassen kann.

Ihre Photographie hat bei meiner Alten großen Effekt gemacht.[4] Während sie in der Betrachtung versunken war, sagte ich [noch?] dazu sehr verständnisinnig: Ja, ja, die ist halt ein gescheidtes Luder. Dafür & für ähnliches hab ich schon ziemlich Neckereien auszustehen, was mir aber gar nicht unangenehm ist.

Meine Grübeleien über die Strahlung fangen nun an, etwas mehr Grund & Boden zu kriegen – ich bin selbst neugierig, ob was draus werden will.

Seien Sie herzlich gegrüßt *u.s.w.*, letzteres besonders, von Ihrem

Albert.

Gruß von meiner Alten.

7 *Albert an Mileva*
        Paradies [Mettmenstetten, Anfang August 1899][1]
L[iebes] D[oxerl]![2]
        Nicht wahr, da gucken Sie, so bald schon die Hyroglyphen von mir wiederzusehen bei meiner Schreibfaulheit, die Sie ja kennen.

Hier im Paradies[3] lebe ich mit meiner alten Henn & Schwester[4] ein recht ruhiges, nettes, philiströses Leben, wie sich eben die Frommen & Braven dieser Welt das Paradies denken. Daneben hab ich auch schon hübsch was im Helmholtz studiert über athmosphärische Bewegungen[5] – aus Angst vor Ihnen & nebenbei zum eignen Vergnügen füg ich noch gleich hinzu, daß ich die ganze Geschichte auch mit Ihnen überlesen will. Ich bewundere den originellen, freien Kopf Helmh. immer mehr. Sie

Arme müssen sich jetzt mit grauer Theorie den Kopf vollstopfen.[6] Aber ich kenne Sie ja gut sammt Ihrem göttlichen Phlegma & weiß, daß Sie das alles mit Seelenruhe fertig kriegen. Daneben sind Sie doch zuhaus & werden brav verhätschelt wie sichs für ein Töchterlein gehört. Allerdings bei uns in Zürich sind Sie die Herrin des Hauses, das ist doch auch nicht übel, & noch von was für einer prächtigen Haushaltung! Als ich das erstemal im Helmholtz las, konnte ichs gar nicht begreifen, daß Sie nicht bei mir saßen & jetzt gehts mir nicht viel besser. Ich finde das Zusammenarbeiten sehr gut & heilsam & daneben weniger austrocknend. –

Meine Mutter & Schwester finde ich ein wenig engherzig & philiströs bei aller Sympathie, die ich für sie empfinde. Es ist merkwürdig, wie allmählich die Lebensweise uns ändert mit allen Tönen unserer Seele, so daß die engsten natürlichen Bande der Familie zur Gewohnheitsfreundschaft heruntersinken & man sich im Innern gegenseitig so unbegreiflich ist, daß man in keiner Weise lebendig mitfühlen kann, was das andere bewegt.

Nun haben Sie grad genug zu entziffern für die wenige Zeit, die Sie mir jetzt schenken können. Wenn Sie Zeit haben, so schreiben Sie mir wieder, wenn aber nicht, so kenne ich ja den Grund.

Grüßen Sie d.l. Ihren freundlich gegrüßt,[7] ganz besonders aber Sie von Ihrem

Albert.

↋

8 *Albert an Mileva*

Paradies [Mettmenstetten,] Donnerstag.
[10.? August 1899][1]

L[iebes] D[oxerl]!

Vielen Dank für Ihr Brieferl, das ich schon wieder beantwortet hätte, wenn ich nicht mit unserm Wirt[2] eine

88

Fußtour ins Gebirge gemacht hätte, die übrigens ganz wunderbar war (Zug-Einsiedeln[3]–Züricher Obersee). Hoffentlich haben Sie mein erstes Brieferl bekommen, wenn auch nicht grad viel wichtiges drinne stand, denn sonst würden Sie gewiß gar bitteren Groll gegen mich hegen & denken, ich sei ein treuloser Faulpelz. Die Ferien gehen mir in glücklicher Ruhe dahin, so daß mir das Studium Abwechslung ist, nicht das Faulenzen, wie wirs von unsrer Haushaltung her gewöhnt sind. Und Sie Gute schreiben mir noch, daß Ihnen die Stopfkur fürs Examen ganz gut thut, das laß ich mir gefallen. Sie sind halt ein Hauptkerl & haben viel Lebenskraft & Gesundheit in Ihrem kleinen Leibchen. Ich hab den Band Helmholtz[4] zurückgetragen & studiere gegenwärtig noch einmal aufs Genaueste Hertz' Ausbreitung der elektrischen Kraft.[5] Der Anlaß dazu war, daß [ich] Helmholtz' Abhandlung über das Prinzip der kleinsten Wirkung in der Elektrodynamik[6] nicht verstand. Es wird mir immer mehr zur Überzeugung, daß die Elektrodynamik bewegter Körper, wie sie sich gegenwärtig darstellt,[7] nicht der Wirklichkeit entspricht, sondern sich einfacher wird darstellen lassen. Die Einführung des Namens »Äther« in die elektrischen Theorien hat zur Vorstellung eines Mediums geführt, von dessen Bewegung man sprechen könne, ohne daß man, wie ich glaube, mit dieser Aussage einen physikalischen Sinn verbinden kann.[8] Ich glaube, daß elektrische Kräfte nur für den leeren Raum direkt definierbar seien, von Hertz auch betont.[9] Ferner werden elektrische Ströme nicht als »Verschwinden elektrischer Polarisation in der Zeit«, sondern als Bewegung wahrer elektrischer Massen aufzufassen sein, deren physikalische Realität die elektrochemischen Äquivalente zu beweisen scheinen.[10] Mathematisch sind sie dann immer in der Form $\frac{\partial X}{\partial x} + . + .$ aufzufassen.[11] Die Elektrodynamik wäre dann die Lehre von den Bewegungen bewegter Elektrizitäten & Magnetismen[12] im leeren Raum: Welche von beiden Anschauungen gewählt werden muß, werden ja die Strahlungsversuche ergeben müssen. – Bis jetzt hab ich übrigens von Rektor Wüest[13] keine Nachricht. Ich werde ihm nächstens schreiben.

Hier im Paradies ist es fortgesetzt sehr schön, zumal wir wunderbares Wetter haben. Doch haben wir immer unangenehme Besuche von Mamas Bekannten, deren stumpfsinnigem Geschwätze ich durch die Flucht zu entrinnen pflege, wenn nicht grade gegessen wird. Zum Schluß kommt noch meine Tante von Genua,[14] ein veritables Ungetüm von Arroganz & stumpfsinnigem Formalismus. Doch freu ich mich trotz allem mit jedem frischen Ferientag an diesem reizenden ruhigen Plätzchen. Wenn nur Sie wieder einmal ein bissel bei mir wären! Wir verstehen uns gegenseitig so gut auf unsre schwarzen Seelen & daneben aufs Kaffeetrinken & Würstelessen etc. ...

Ich glaube fast auch, daß ich mir die Geschichte wegen Ihnen & Mama nur einbildete. Sie wären gewiß gar nicht auf die Idee gekommen. Schreiben Sie mir doch das nächste Mal hierher. Sie müssen mich damals mißverstanden haben. Ich freue mich immer sehr mit Ihren Zeilchen; schicken Sie mir nur bald wieder welche.

Seien Sie herzlichst gegrüßt von Ihrem

Albert.

Sind Sie nicht gar zu fleißig!
Viele Grüße von Mama & Maja!

Freundliche Grüße an Ihre Lieben.
Gruß P. Einstein[15]
Ich hätt' Ihnen noch gern geschrieben, aber A. hat es nicht erlaubt. M.[16]

9 *Mileva an Albert*

[Kać, nach dem 10. August – vor dem 10. September
1899][1]

L[ieber] H[err] E[instein]

Ihre beiden Briefchen[2] haben mich glücklich in unserer Einsiedelei[3] gefunden; schönen Dank dafür und bitte recht bald wieder um eines. Sie werden doch nicht auf mich schauen, wenn ich Ihnen jetzt gerade auch etwas weniger schreibe, Sie, der so viel Zeit zur Verfügung hat. Ihre Briefe heimeln mich jedes mal so schön an. Aus der Reihe der gemeinsamen Erlebnisse hat sich noch ganz verstohlen ein sonderbares Gefühl gebildet, das bei leisestem Antipen sofort wach wird, auch ohne dass die Erinnerung ans Einzelne gerade recht zum Bewusstsein kommt, und welches macht, dass es mir jedes mal gerade vorkommt, ich wäre wieder in meinem Zimmer.

Sie haben Recht, dass Sie wenig studieren, wenn es nur war ist, ganz ist dem Landfrieden schwer zu glauben, machen Sie lieber recht schöne Spaziergänge, wo Sie so gut Gelegenheit haben. Ich bin die ganze Zeit noch nicht weiter von unserem Garten gekommen, in die Stadt gehen wir jetzt gar nicht, es sind viele Fälle von Scharlach und Diphtärie vorgekommen, und da bleiben wir lieber in unserer frischen gesunden Luft. N[eusatz] ist ein recht ungesundes Nest, und jetzt ist noch eine schreckliche Hitze. Bei uns blühen die Weichsel-Bäume zum 2ten Mal.

Sagen Sie einen schönen Gruss an Frau Einstein und Frl. Maja; es wird mich freuen, wenn sie mir schreibt, (natürlich wenn Sie erlauben, ich begreife nicht, warum nicht, ausser wenn Sie wirklich einen Grund haben). Das »stopfen« geht langsam vorwärts. Fiedler macht mir viel Kummer, das scheint mir der längste Knödel zu sein.[4] Sie könnten mir ein bisschen schreiben, wie's auf dem Examen zugeht, aber Sie müssen wieder nicht meinen, dass der Brief nur mit der Beschreibung ausgefüllt sein soll. (zur Vorsorge) Fragen Fiedler und Herzog[5] auch spezielle Sachen, Beispiele, oder nur allgemeines? Und auch noch eine andere Bitte hätte ich an Sie, wenn Sie nach Zürich kommen, lassen Sie mir bei der Frau Markwalder ihr Heft über Wärmetheorie, ich möchte noch einiges nachsehen.[6]

Sie schreiben gar nicht, wann Sie vom Paradies weggehen. Ich werde warscheinlich am 25. in Zürich sein und anstatt mich zu freuen, gehe ich mit so geteilten Gefühlen hin, haben Sie nicht Mitleid mit mir.[7]

Nicht war, Sie lassen Niemand meine Briefe lesen, das müssen Sie mir versprechen; Sie sagten einmal, Sie hätten das profane nicht gerne, und wenn mir das profan scheint, können Sie es mir schon tun! Was meinen Sie. Das nächste Mal schreib ich einen Anderen Titel am Brief, ich weiss einen netteren; der ist so fromm, er ist mir aber spät eingefallen. –

Sie müssen verzeihen, wenn man vielleicht meinem Geschriebsel ein bissel Zerstreutheit ansehen sollte, mir scheint's, dass ich mir ein wenig von dieser schönen Eigenschaft angeeignet habe, aber ich hoffe nicht dauernd.

Nun seien Sie freundlich gegrüsst und schreiben Sie recht bald Ihrem

D[oxerl]

≷∾

10 *Albert an Mileva*
Sonntag. Paradies [Mettmenstetten, 10. September 1899][1]
L[iebes] D[oxerl]!

Endlich kann ich Ihnen schreiben auf den Empfang Ihres lieben Briefchens[2] hin, das ich am liebsten am ersten Tage gleich beantwortet hätte. Doch mußte es mir nach Aarau nachgeschickt werden, wo es zu reizend ist & man immer so nett geplagt wird, daß schreiben unmöglich ist.

Sie Ärmste müssen jetzt gar furchtbar streben! Wenn ich Ihnen nur ein bissel beistehen könnte, seis auch nur, um Ihnen ein wenig Abwechslung zu bringen, seis in den Studien, oder seis als Johann mit allen hübschen Kleinigkeiten, die so dran hängen.

Jetzt aber werden Sies auch bald hinter sich haben & dann zählt Ihr Leben wieder einen Sieg mehr & Sie kriegen ein bedeutungsvolles weißes Papierchen. Das Physikheft hab ich Ihnen gestern, als ich in Zürich war, nicht mehr auf die Bude bringen können, weil die Zeit nicht hinreichte. Schmollen Sie mir drum nicht Hexchen! Wenn Sie nach Zürich kommen, dann steigen Sie mir einfach auf die Bude & nehmen sich dort, was Sie eben mögen, & wenn Sie was, was da sein soll, nicht finden, dann wenden Sie sich einfach an Frau Markwalder (Die weiß alles?). – Übermorgen reise ich mit meiner Mutter nach Mailand, um erst für den Anfang des Semesters wieder bei »uns« in Zürich einzutreffen. Ich würd Ihnen so gern in Zürich die Zeit des Examens angenehmer zu machen suchen, wenn ich nicht dadurch meinen Eltern einen sehr begreiflichen Schmerz bereiten würde.

Gegenwärtig bin ich für eine Woche vollständig bücherlos, da sämmtliche Bibliotheken Revision haben,[3] doch kann ich mir bis in einer Woche Bücher von Helmholtz, Boltzmann & Mach[4] nach Mailand aus der Stadtbibliothek kommen lassen. Damit Sie aber das sorgenvolle Stirnlein nicht runzeln, verspreche ich Ihnen gleich feierlich, alles mit Ihnen durchzugehen. Ich denke wir wollen einmal in den Ferien in Zürich bleiben, um unser Semesterleben ohne Kolleg einmal in aller

Behaglichkeit zu führen, das muß doch eigentlich recht nett sein.

In Aarau ist mir eine gute Idee gekommen zur Untersuchung, welchen Einfluß die Relativbewegung der Körper gegen den Lichtäther auf die Fortpflanzungsgeschwindigkeit des Lichtes in durchsichtigen Körpern hat.[5] Auch ist mir eine Theorie in den Sinn gekommen über diese Sache, die mir große Wahrscheinlichkeit zu besitzen scheint. Doch nichts mehr davon! Ihr armes Köpfchen ist voll genug von den Steckenpferdchen der verschiedensten, auf denen Sie haben reiten müssen. Da muß ich doch nicht noch meines aufrücken lassen. Sonst weiß ich nichts, als daß ich Ihnen versichern kann, daß Sie sich für das bischen Examen den Kopf nicht schwer machen lassen brauchen! Das ist Ihnen eine Kleinigkeit – und erst bei so gefahrloser Konkurrenz.

Leben Sie jetzt wohl, plagen Sie sich nicht so viel, empfangen Sie tausend herzliche Grüße von mir & geben Sie das nächste mal einen netteren Titel auf den Brief Ihrem

Albert

Via Bigli 21

Milano

Freundliche Grüße an Ihre Lieben
    ″   ″   von Mama & Maja.

✌§

11 *Albert an Mileva*
           Mailand, Donnerstag. [28.? September 1899][1]
L[iebes] D[oxerl]!

Sie sind doch ein prächtiges Mädel, daß Sie mir bei all Ihrer vielen, anstrengenden Arbeit noch so nett schreiben! Sie müssen aber auch wissen, daß ich mich jedesmal

so mit Ihren Briefchen freue, daß mich alle damit aufziehen. Sie Ärmste haben jetzt arg viel Bücherstaub
schlucken müssen, doch jetzt ist es ja bald überstanden –
ich fühls ordentlich mit Ihnen. Auch ich habe viel bü-
chergewurmt & sehr viel ausgetüftelt, zum Teil sehr interessant. Auch hab ich an Professor Wien in Aachen
geschrieben[2] über die vom »Prinzipal« so stiefmütterlich
behandelte Arbeit über Relativbewegung des Lichtäthers gegen die ponderable Materie.[3] Ich habe von diesem Mann eine sehr interessante Abhandlung vom Jahr
1898 über diesen Gegenstand gelesen.[4] Er wird mir via
Polytechnikum schreiben (wenns gewiß ist!). Wenn Sie
dort einen Brief an mich sehen, können Sie ihn nehmen
und öffnen.

Ungefähr am 15. werde ich wieder bei »uns« eintref-
fen. Ich freue mich sehr darauf, denn bei uns ist es doch
am nettesten und gemütlichsten. Maya kommt hauptsächlich nach Aarau, weil wir dort eine Familie sehr gut
kennen[5] und weil das Leben dort billiger ist; wir müssen
sehr darauf sehen.

Frau Markwalder sieht sich veranlaßt ... Das ist ein
ahnungsvoller Engel. Ich hab ihr schon geschrieben,
daß ich einverstanden bin & ihr erlaubt, das Zimmer
irgendwie zu vergeben. Ich werde irgendwo in die Plattenstraße ziehen, aber nicht in Ihr Haus – den Zungen
der Menschen zuliebe.[6] Auf den Zürichberg zöge ich
gern, wenns nicht weit von »uns« weg wäre.

Bis Sie meinen Brief kriegen, haben Sie wohl schon
die Fiedlerei hinter sich[7] – ich denke so viel daran. Es
wird schon gut gehen – Ihr hartes Köpfchen bürgt mir
dafür. Da möcht ich durchs Schlüsselloch gucken! Wenn
man so ein Examen macht, fühlt man sich so verantwortlich für alles, was man denkt und macht, wie wenn
man sich in einer Strafanstalt befände. Ists nicht so? Ich
habe in dieser Zeit mit Großmann so viel über diese

Sachen gelacht[8] – aber »außen lachts & innen krachts« hätte man dazu als Unbeteiligter sagen können.

Meine Schwester wird sich wohl gar nicht in Zürich aufhalten, sondern ich werde sie nach Aarau begleiten, doch werde ich mich dort weiter nicht aufhalten. Hier fühle ich mich wieder ziemlich unbehaglich, weil mir das Klima sehr schlecht bekommt & ich mich aus Mangel an einer bestimmten Arbeit zu sehr dem Grübeln hingebe – kurz ich sehe & fühle, daß Ihre wohlthätige Fuchtel nicht über mir schwebt, die sonst die Schranke bewahrt.

Neuweiler[9] ist das Schwarze, was immer Milch trinkt. Auch hat es eine Brille und sehr wenig Fett. Daß ich so oft jetzt nach Aarau gehe, brauchen Sie gar keine Angst zu haben. Denn das kritische Töchterlein kommt nachhause, in das ich mich vor 4 Jahren so schrecklich verliebt habe.[10] Ich fühle mich zwar sonst ziemlich sicher auf meinem hohen Schloß Seelenruhe. Aber wenn ich das Mädchen wieder ein paarmal sähe, wär ich gewiß verrückt, das weiß ich & fürcht ich wie das Feuer.

Wenn ich wieder in Zürich bin, dann steigen wir gleich einmal auf den Ütliberg.[11] Da können wir dann vergnüglich unsre Erinnerungen vom Sentis[12] auspacken, ich male mirs schon wieder so lustig aus. Und dann fangen wir gleich mit Helmholtz' elektromagnetischer Lichttheorie an,[13] die ich 1) angsthalber 2) weil ich sie nicht hatte, noch nicht gelesen habe.

Empfangen Sie tausend herzliche Grüße von Ihrem

Albert.

Mailand. Dienstag [10. Oktober 1899][1]
L[iebes] S[üßes?] D[oxerl]!

Jetzt Sie sind mir eine Schöne! Sitzt schon ganz gemütlich 4 Tage im Examen & hat kein Schnauferlein für ihren braven Herrn Kollegen und Kaffeesaufbrüderchen. Ist das nicht schauderbar? Ich werde mir eine Schauerpredigt einstudieren und sie Ihnen am nächsten Montag persönlich halten, und zwar in aller Frühe. Und wenn das Mädchen sagt, Sie seien ausgegangen & ich sehe Ihre gewichsten Stiefelchen vor der Thüre – wie das so manchmal passieren soll – dann warte ich einfach noch ein bissel oder lasse mich rasieren.

Sonntag bringe ich meine Schwester nach Aarau & treffe noch am selbigen Tage in Zürich bei meiner geliebten Exhausfrau ein,[2] die mir auf eine Karte simplemang keine Antwort gegeben hat, in der ich sie anzufragen wagte, ob es in ihrer »unerforschlichen Vorsehung« liege, mich irgendwo anders einzuquartieren. So muß ich armes Postpaket halt warten, bis man mich über den Ort meiner Bestimmung aufklärt. – Wenn ich so dran denke, wie Sie jetzt in der Arbeit stecken, da schmilzt mein Groll wegen Ihres Nichtschreibens wie Wachs zusammen. Sie Arme, Sie habens eigentlich viel härter, als ich letztes Jahr, weil Sie so allein sind! Doch halt – ich sehe Sie schon lächeln über meine Trösterei & denken: Aus so etwas macht sich ein Dockerl wenig; das weiß allein, was es will, und kann & hats schon öfters bewiesen.

Jetzt aber was Schöneres – ich meine natürlich unsre Haushaltung. Da wirds wieder nett werden. Ich bring ein paar prächtige Leckereien mit von Mama, die mir dazu versprach, uns auch öfters was in die Haushaltung zu schicken: direkt Plattenstr. 50.[3] Holen Sie doch einstweilen Helmholtz' elektromagnetische Lichttheorie![4] Ich hab schon recht Hunger danach.

97

Ich habe hier viel studiert & meine Überlegungen über das Studium der Elementargesetze der Thermoelektrizität beendigt.[5] Auch hab ich eine Methode von großer Einfachheit ausgedacht, um zu entscheiden, ob die latente Wärme in Metallen[6] auf Bewegung der ponderabeln Materie oder der Elektrizität zurückzuführen ist, bez. ob ein elektrisch geladener Körper eine andere spezifische Wärme hat als ein ungeladener.[7] Alle diese Fragen hängen mit der Analyse des Thermoelements zusammen. Die Methoden sind sehr einfach auszuführen & bedürfen keines Apparates, der uns nicht ohne Weiteres zur Verfügung stünde.[8]

Für heute aber ists genug, sonst necken mich meine Alten zu viel, weil ich ohne Antwort so viel schreibe. Herzliche Grüße & auf frohes Wiedersehen!
Ihr

Albert.

❧

13 *Mileva an Albert*

⌊1900?⌋[1]

Mei liebs Johonesl!

Da ich dich so gern hob und du so weit bist, daß ich dir keins Putzerl[2] kann geben, schreib ich dir jetzt dieses Brieferl und frag dich, ob du mich auch so gern host, wie ich dich? Antworte mir *sofort.* Tausend Küßerline von deins

D[oxerl]

❧

14 Albert an Mileva

[Melchtal,] Sonntag Früh. [29.? Juli 1900]¹
Mein liebstes Doxerl!

Da ich schreib in meinem Bett,
Wirds halt nicht so furchtbar nett!
Doch nur immer frisch drauf los geschmiert,
Das Doxerl sich doch dafür interessiert! …

VorGestern² kam ich also planmäßig mit der Schauer-
tante in Sarnen an, wo uns Mama, Maya und ein Wagen
erwarteten.³ Darauf wurde ich abgebusselt. Dann fuhren
wir ab; doch bald stiegen Maya und ich ab, um etwas mit
zu wandeln. Bei der Gelegenheit sagte mir Maya, daß sie
es nicht gewagt habe, etwas über die »Dockerlaffäre« zu
berichten, auch bat sie mich, ich solle die Mama »schonen« – das soll heißen – nicht mit der Thüre ins Haus
fallen.

Wir kommen heim,⁴ ich auf Mamas Zimmer (Unter
4 Augen). Zuerst muß ich ihr vom Examen erzählen,⁵
dann frägt sie mich so recht harmlos: »Nun, und was
wird denn aus Dockerl?«. »Meine Frau«, sag ich ebenso
harmlos, doch auf eine gehörige »Szene« gefaßt. Die kam
auch gleich. Mama warf sich auf ihr Bett, verbarg den
Kopf in den Kissen und weinte wie ein Kind. Als sie sich
von dem ersten Schreck erholt hatte, ging sie sofort zu
einer verzweifelten Offensive über: »Du vermöbelst dir
deine Zukunft und versperrst dir deinen Lebensweg«.
»Die kann ja in gar keine anständige Familie«. »Wenn sie
ein Kind bekommt, dann hast du die Bescherung«. Bei
diesem letzten Ausbruch, dem noch mehrere vorange-
gangen waren, brach mir endlich die Geduld. Ich wies
den Verdacht, daß wir unsittlich zusammen gelebt hätten, mit aller Energie zurück, schimpfte tüchtig & wollte
eben das Zimmer verlassen, als Mamas Freundin, Frau
Bär, ins Zimmer trat,⁶ ein kleines frisches Weiblein mit
vielem Leben, so eine Henn von der nettesten Art. Da

sprachen wir sofort mit größtem Eifer vom Wetter, von neuen Kurgästen, ungezogenen Kindern etc. Nun gings zum Essen, dann musizierten wir etwas. Beim »Gute Nacht« unter 4 Augen ging wieder dieselbe Historie los, doch »piu piano«. Am folgenden Tage war das Ding schon besser, und zwar, wie sie selbst sagte, aus folgendem Grunde: »Wenn sie noch kein (von ihr so gefürchtetes) Verhältnis gehabt haben und noch so lange warten wollen, so werden sich schon noch Mittel und Wege finden«. Nur das ist sehr fatal, daß wir immer beisammen bleiben wollen. Die Bekehrungsversuche beruhten in Reden wie: »Sie ist ein Buch wie du – du solltest aber eine Frau haben«. »Bis du 30 bist, ist sie eine alte Hex« etc. Doch da sie sieht, daß sie vorläufig absolut nichts ausrichtet, sondern mich nur böse macht, hat sie einstweilen die »Behandlung« aufgegeben.

Leben und Leute hier sind trostlos öde & ich begreife vollkommen Mayas Unzufriedenheit, die sich wieder ganz närrisch auf Aarau freut.[7] Jedes Essen dauert 1 Stunde und darüber, Du kannst Dir denken, welche Höllenqual für mich. Da es ferner schlechtes Wetter ist, hab ich mich in meiner Verzweiflung schon zum Kirchhoff geflüchtet.[8] Außer der bereits genannten gehört noch meine Tante, die Engländerin, die Kontessa mit ihrer ebenso schönen als dummen und kalten Tochter zu unsern steten Anhängseln. Allen muß ich Mama zulieb flattieren & musizieren – sonst ist sie gekränkt, zumal sie wegen der Affäre doppelt empfindlich ist.

Wenn ich nur bald wieder bei Dir in Zürich sein könnte, mein Schätzchen! Sei tausendmal gegrüßt und kolossal gepuzerlinet von Deins

Johannesl.

»Kuß Maya«
Unserm l. Weber schreibe nicht mehr, er wird auf dem
Lande sein.

✎

15 *Albert an Mileva*
        [Melchtal,] Mittwoch Abend. [1. August 1900][1]
Meine süße Kloane!
    Wie froh bin ich, daß ich Dich schon zuhause weiß bei
Deiner guten alten Frau,[2] die jetzt mein Doxerl wieder
prächtig herausfüttert, daß es dann nudeldick und gesund und lustig wieder in meinen Armen ruht, man
denke – in den geliebten Oxistentsarmen; obwohl ich
eigentlich von Zürich noch keine Nachricht habe,[3] giebt
mir das vom sorglosen Leben und guten Essen erzeugte
Frohgefühl alle Zuversicht. Ich meine schon, daß ich
Dich einen ganzen Monat nicht habe puzerlinen können
und sehne mich tüchtig nach Dir. So ein geschicktes
rühriges Ding sieht man im ganzen Ameisenhaufen des
Hotels nicht als wie mein Doxerl mit seinen geschickten
Händen. Die Schwiegermama hat sich schon so ziemlich
mit mir ausgesöhnt & schickt sich allmählich ins Unvermeidliche. Schon hat sie die muntere Laune wiedergefunden. Papa hab ich auch geschrieben;[4] er hat mir einen
Separatbrief angekündigt; er wird sich jedenfalls auch
anfangs sträuben, doch ist das alles nicht von Belang.
    Ich sehne mich furchtbar nach einem Brief von mei-
ner geliebten Hex. Ich kann es kaum fassen, daß wir
noch so lange getrennt sind – jetzt sehe ich erst, wie
furchtbar lieb ich Dich habe! Laß Dirs ja recht gut gehen,
damit Du mir ein blühendes Schätzchen wirst und toll wie
ein Gassenbub.
    Melchtal ist ein wundervolles Flußthälchen, von ho-
hen, doch nicht mit Gletschern bedeckten Bergen gebil-

det. Speziell unser Hotel ist eine vorzügliche Fütterungs-
anstalt; doch fühle ich mich nicht wohl in dieser Faulen-
zerei unter diesen verweichlichten Menschen. Besonders
wenn ich die aufgeputzten faulen Frauen sehe, denen
immer was nicht recht ist, dann denke ich mit Stolz:
Johonnesl, Deins Doxerl ist doch eine andere Maid. Der
Brandenberger ist auch hier sammt *Braut*, einer jungen
Züricherin, die mir sehr gut gefällt.[5] Beide schwimmen
sichtlich in Glückseligkeit – ein sehr nettes Pärchen.

Gestern war ich mit Maya auf einem ziemlich hohen
Berg, wo wir viele Edelweiß fanden. Wir hatten eine
herrliche Aussicht, besonders auf die gewaltigen Firnfel-
der des Titlis.[6]

Gegen Mitte August gehen wir zu Papa nach Italien,
um uns noch an einem südlicheren Orte aufzuhalten. Ich
gehe vorher noch nach Zürich, um wegen meiner Stelle
nachzusehen. Von Ehrat hab ich auch noch keine Nachricht.[7] Da es viel regnet, habe ich schon viel studiert,
hauptsächlich die berüchtigten Untersuchungen über die
Bewegung des starren Körpers von Kirchhoff.[8] Ich kann
mich nicht genug über dies große Werk immer von
neuem wundern. Meine Nerven haben sich schon so be-
ruhigt, daß ich wieder mit Wonne studiere. Was machen
denn Deine?

Grüße an die lieben Deinen! Sei herzinnigst geküßt
von Deinem

Albert.

16 *Albert an Mileva*

[Melchtal,] Montag. [6. August 1900][1]

Meine liebe Kloane!

Gestern kam Dein erstes liebes Briefchen aus der Heimat. Ich las zuerst die Zeilen im stillen Kämmerlein, dann

noch zweimal & dann las ich noch lange mit hoher Freude zwischen den Zeilen & dann schob ich es schmunz-lächelnd in die Tasche. Die »Schwiegermama« ist sehr gemütlich & berührt das »heikle Thema« nicht, zumal ihr meine frohe heitere Laune, meine Beliebtheit unter den Kurgästen & meine »musikalischen Erfolge« Balsam auf das verletzte Schwiegermutterherz streuen, so daß es nachgerade recht gemütlich ist.

Über unserer Korrespondenz, Schätzchen, scheint aber ein Unstern zu walten, daß Du meinen Brief noch nicht hattest, als Du Deinen wegschicktest. Dies ist der 3., den ich Dir sende.[2]

Von Zürich habe ich noch keinen Bericht bekommen. Ich werde wohl selbst nach meiner Angelegenheit mich umsehen müssen. Bei Ehrats Gewissenhaftigkeit kann ich mirs nicht anders denken, als daß seine Angelegenheit noch in der Schwebe ist.[3]

Ruhe Dich nur tüchtig aus, Herzchen, Du kannst ja mit Deinem Johonnesl noch genug des herrlichen Gestrebes vollbringen. Jetzt aber ruhe Dich aus und freue Dich des sorglosen Lebens.

Papa hat mir auch einen Moralitätsbrief für einstweilen geschrieben, mir aber versprochen, daß die Hauptsache mündlich nachfolge, worauf ich mich pflichtschuldigst sehr freue. Ich begreife meine Alten recht gut. Sie betrachten die Frau als einen Luxus des Mannes, den sich dieser erst gönnen kann, wenn er eine behagliche Existenz hat. Ich aber achte eine solche Art der Auffassung des Verhältnisses zwischen Mann und Frau sehr gering, da sich nach ihm Frau und Dirne lediglich dadurch unterscheiden, daß erstere sich vermöge ihrer günstigeren Lebensumstände vom Manne einen Vertrag fürs Leben zu erzwingen vermag. Eine solche Ansicht ist die naturgemäße Folge davon, daß bei meinen Eltern wie bei den meisten Menschen die Sinne die unmittelbare Herrschaft über die Gefühle ausüben, während bei uns dank der glücklichen Umstände, in denen wir leben, der Lebensgenuß unendlich erweitert ist. Doch dürfen wir nicht vergessen, wie viele Existenzen der ersten Art nötig sind, um uns dazu die Möglichkeit zu bieten; denn in der sozialen Entwicklung der Menschheit sind doch jene der weitaus wichtigere Bestandteil. Hunger und Liebe sind und bleiben so wichtige Triebfedern des Lebens, daß man fast alles bei Vernachlässigung der andern Leitmotive daraus erklären kann. Ich suche daher meine Eltern zu schonen, ohne in irgend etwas von dem abzugehen, was ich für gut halte – und das bist Du, mein lieber Schatz!

Wenn Du den Deinen noch nichts gesagt hast, so thue es nicht! Ich glaube, daß es für alle Teile besser ist. Sie machen sich sonst vielleicht dieselben unnötigen Sorgen und Skrupel wie die meinen. Doch Du bist ja klug und kennst sie und weißt selbst besser, was Du thun mußt.

Wenn ich Dich nicht habe, so ist mir gerade zu Mute, wie wenn ich selbst nicht ganz wäre. Wenn ich sitze, so möchte ich gehen; wenn ich gehe, freue ich mich heim, wenn ich mich unterhalte, möchte ich studieren, wenn ich studicrc, fehlt es mir an Beschaulichkeit und Ruhe, & wenn ich schlafen gehe, bin ich nicht befriedigt über den verlebten Tag.

Sei vergnügt, Herzchen, und sei innig geküßt von Deinem

Albert.

ᴥᴈ

17 Albert an Mileva
                    Zürich, Donnerstag. [9.? August 1900][1]
Mein lieber Schatz!

Gelt da schaust, daß ich schon wieder hier auftauche! Doch ich benützte die erste beste Ausrede, um aus dem langweiligen Milieu herauszukommen, obwohl meine Mutter über die »Affäre« das tiefste Schweigen sich zu[r] Pflicht machte. Sie that ganz, wie wenn nichts vorgefallen wäre, gab mir Deine Briefchen selbst in die Hand, merkte nichts, wenn ich an Dich schrieb, kurz – sie hat die offene Feldschlacht aufgegeben & wird wohl erst in Gemeinschaft mit Papa die biedern Kanonen losschießen. Letzterer versprach mir in seinem letzten Brief, mit mir Venedig zu besuchen, da es von unsern Centralen nicht weit dorthin ist.[2] Ich möchte mich gern auch ein wenig in den Verwaltungsdienst einweihen lassen, damit ich Papa vielleicht im Notfall ersetzen könnte. Auch er erwähnt Dich nicht mehr. Ich hätte besser gethan, Schatz, wenn wir alles unter uns gelassen hätten und ich die Alten vertröstet hätte. Doch schadet es gar nichts, mein lieber Schatz, Papa und Mama sind große Phlegmen und haben am ganzen Leib weniger Starrsinn als ich am kleinen Finger.

So sehr mich mein altes Zürich wieder anheimelt, so sehr fehlst Du mir, meine kleine, liebe »rechte Hand«. Ich mag hingehen, wo ich will – ich gehöre doch nirgends hin und ich vermisse zwei Ärmchen und das glühende Mäulchen voll Zärtlichkeit und Puzerline. Wie hab ich die katholischen Geistlichen bemitleidet, die in Melchthal waren.[3] Die Dimensionen meiner zarten Füßchen schicke ich Dir ein andermal,[4] jetzt sollst Du nicht schon wieder zu krabbeln anfangen. Dafür aber kriegst Du für Deinen Henneneifer ein tüchtiges Puzerline! – Doch nun zur *Ausrede*. Vorgestern Abend erhielt ich von Ehrat eine Karte, in der er mir schreibt, daß er mich zu einer Aushilfsstelle am Versicherungsbureau vorgeschlagen habe, wo er gegenwärtig arbeitet. Man kriegt 8 fr. per Tag & hat 8 Stunden blöder Packträgerarbeit. Ich habe aber abgelehnt, in der Meinung, daß ich die Zeit der Ferien besser verwenden könne. Solchen Verdummungsgelegenheiten muß man aus dem Wege gehen. Nun bleibe ich hier, um zu sehen, wie sich die Sache macht, und um meine »geschäftlichen und politischen« Angelegenheiten endlich zum Klappen zu bringen. Unter Ehrats Konkurrenz soll sich auch Matter befinden, dessen eventuelle Wahl mir die Stelle bei Hurwitz eintrüge. Also nur Mut Hexchen! Ich kanns gar nicht erwarten, bis ich Dich wieder herzen und drücken und mit Dir leben kann. Und lustig werden wir drauf los arbeiten und Geld haben wie Mist. Und wenns nächstes Frühjahr schön ist, dann holen wir Blumen im Melchthal

Sei mir innigst geküßt von Deinem

Albert.

᪥

18 *Albert an Mileva*

Zürich, Dienstag. [14.? August 1900][1]

Liebes Schatzerl!

Schon wieder sind ein paar träge öde Tage an meinem schläfrigen Auge vorübergelaufen, weißt Du, solche Tage, an denen man spät aufsteht, weil man nichts Rechtes zu thun weiß, dann fortgeht, bis das Zimmer gemacht ist, dann studiert, so einige Stunden, bis man zu müde ist. Dann drückt man sich so herum und freut sich so halb aufs Essen, wobei man noch über hochwichtige philosophische Fragen schlaffen Geistes nachsinnt & ein bischen dazu pfeift... Wie hab ich nur früher allein leben können, Du mein kleines Alles. Ohne Dich fehlt mirs an Selbstgefühl, Arbeitslust, Lebensfreude – kurz ohne Dich ist mein Leben kein Leben.

Sogar Besuche hab ich gemacht, um mich zu zerstreuen. So war ich bei Frau Markwalder, welche immer noch von der gleichen apathisch-schlaffen Liebenswürdigkeit ist & alles in einem undefinierbaren Dusel sieht; ein Glück, daß ich nimmer bei ihr bin. Auch beim Jungferli war ich, das immer noch eine der nettesten & frischesten Personen ist, die wir hier kennen. Sie geht jetzt fort für immer; sie siedelt um nach einem kleinen Städtchen im Thurgau. Bei Deiner Hausfrau war ich auch.[2] Dein Koffer sei längst fort. Sie fragte, ob Du vielleicht das Zimmer behalten wollest, sie würde es dann extra mieten. Ich schlug es aber ab (der Tyrann! wirst Dir denken).

Länger als bis zu den ersten Tagen des Oktober gebe ich Dir aber nicht Urlaub, das ist grade lange genug. Samstag reise ich nach Italien, um bei meinem Vater des Genusses des »heiligen Sakraments« teilhaftig zu werden;[3] doch der wackre Schwabe forcht sich nit.[4] Hoffentlich verschimmle ich nicht auch so, wenn ich alt werde, dann ist es schon recht. Daß man auch anders sein kann, das beweisen mir Deine Alten – müssen prächtige Leute sein. Sag nur nicht zu viel von mir, sonst kriegen sie auch noch Angst. Wenn ich schlauer gewesen wäre, hätt ich brav mein Maul gehalten. Warum hab ich meine Losung omnes tractandi sunt nicht besser beherzigt? Nun, dafür wirds umso schöner, wenn wir uns wieder in Zürich haben und beim duftenden Gofeerl unsere Weisheit vermehren! Daß Dich Dein Mütterchen gut füttert & Dein Schwesterchen schön neckt, das ist recht, & daß Du Sehnsucht nach mir hast, das macht mich stolz!

Studiere nur nicht viel, wenn Deine Bücher kommen, sondern ruhe Dich aus, daß Du mir wieder der alte Gassenbub wirst. Nur eines will & verlang ich von Dir, daß es Dir wohl sein soll. Wenn das aber nicht der Fall ist, dann prügle ich Dich.

Der Ehrat hat die Stelle in Frauenfeld immer noch nicht. Er ist in Konkurrenz mit Matter. Jedenfalls kriegt sie einer von beiden. Für mich ist also unter allen Umständen gesorgt. Ich hätte eine Stelle in der Lebensversicherung haben können für 3 Wochen, 8 Fr. per Tag, habe aber abgelehnt, weil ich glaubte, die Ferien besser

verwenden zu können, indem ich was Rechtes studiere &
dann in Italien die Praxis meines Vaters lerne. Es wäre
doch möglich, daß er einmal plötzlich erkrankte, oder
sonst abgehalten wäre & er hat niemand zu seiner Verfügung. Wie schön wird es nächstes Jahr sein!

Sei herzlichst gegrüßt und geküßt, letzteres ganz besonders, von Deinem

Albert.

ॐ

19 *Albert an Mileva*
                          Mailand, Montag [20. August 1900][1]
Meine liebe Kloane!

Schnadahüpfl:

> O mei! der Johonzel,
> Der is ganz verruckt.
> Gmoant hod er seins Doxerl
> Und's Kissen hot er druckt.
>
> ——
>
> Wenns Schatzerl mir schmollen thut,
> Werd i windelweich.
> Doch es zuckt mit die Oxeln
> Und sogt: Is jo gleich.
>
> ——
>
> Moane Olden die denken
> Dees is a dumme Sach...
> Ober sogen thans nix,
> Sonst kriegatens aufs Dach.
>
> ——
>
> Mein Doxerl sei Schnaberl
> Des mecht i gern hern
> Und nachher ihm's lusti
> mit meinem verspern...

Nun, Schätzchen, bin ich schon den zweiten Tag hier bei meinen Alten und recht vergnügt mit ihnen. Von »Behandlung« ist gar keine Rede. Ich habe nie speziell von Dir gesprochen, doch Dich oft da und dort genannt. So viel ich merke, haben sie gar nichts gegen unser Verhältnis, offenbar deshalb weil sie nicht mehr denken, daß wir unsere Zukunft verderben. Außerdem wissen sie auch, daß ich mich nicht beeinflussen lasse. Wenn ich sie nicht reize, wird alles seinen muntern Gang nehmen – wir ein lustiges, frisches Paar und sie zufrieden und vergnügt damit.

O wie ich mich freue, bis ich Dich wieder ans Herz drücken kann! In den ersten Tagen des Oktober wirds sein! Jetzt sollst Du mirs aber schön haben, Du mein einziges süßes Weiberl! Von der »Stelle« habe ich noch nichts gehört.[2] Aber ich nehms leicht. Wenn ich keine erhalte, dann gibt halt die »ganze Familie« Privatstunden. Dank des guten häuslichen Futters und des frohen Humors meiner Eltern ist mein Lebensmut wieder gewaltig gewachsen. Mein Vater ist ein ganz anderer Kerl geworden, seit er seine Geldsorgen nicht mehr hat. Daß alle schwarzen Wolken verschwunden sind, siehst Du schon daran, daß er mit mir eine Reise nach Venedig macht, nachdem wir seine Centralen zusammen besucht haben. Ich möcht Dich küssen vor Freude und Entzücken, mein kleiner lieber Engel.

Jetzt hast mir aber lang nicht geschrieben, Du wüste Hex Du! Hast wohl gar Angst, es kommt »daneben«, oder bist sonst wild, Du Fratzerl? Oder magst mich gar nur gwunderi[3] und hungrig machen? Oder hast gar Angst vor schwesterlichen Witzen?

> Das Kind macht si rar,
> Was denkt er dazua?

Hangt Doch mit all' Fäserle
Dran an saim Bua.

———

Weil Du aber so a wieschts Frätzle bist, hör ich fuchsteu-
fels wild jetzt auf! Sei gegrüßt und gepuzerlinet von Deinem

Albert.

✍

20 *Albert an Mileva*
Mailand, via Bigli 21. Donnerstag Nachts im Bett
[30. August oder 6. September 1900][1]
Meine liebe Miez!

Heut erhielt ich einen eingeschriebenen Brief von Dir,
dem ich die Furcht ansehe, es könnte ihn jemand anders
in die Hand kriegen. Nein, Schatzerl, ich bekam alle
Deine lieben Briefchen pünktlich und auch das Geld
schon längst in Melchthal. Du kannst mir stets so schreiben, wie Dir ums Herz ist, denn einen Brief wegzuneh-
men, wäre für meine Eltern ebenso unklug als zwecklos.
Übrigens hast Du so etwas schon deshalb nicht zu fürchten, weil ich sicher bin, daß sie so eines Vorgehens unfä-
hig wären. Ich habe Mama auf die Probe gestellt. Meine
Eltern sind sehr bekümmert wegen meiner Liebe zu Dir,
Mama weint oft bittere Thränen & kein ungestörtes Au-
genblickchen wird mir hier zu teil. Meine Eltern beweinen
mich fast, wie wenn ich gestorben wäre. Immer wieder
jammern sie mir vor, daß ich mich durch mein Versprechen mit Dir ins Unglück gestürzt hätte, daß sie glaubten,
Du seist nicht gesund ... o Doxerl, es ist zum närrisch
werden! Du glaubst nicht, wie ich leide, wenn ich sehe,
wie sie mich beide lieb haben und so trostlos sind, wie
wenn ich das größte Verbrechen begangen hätte & nicht
das gethan, was Herz und Gewissen mir unwiderstehlich

eingaben. Wenn sie Dich nur kennen würden! Aber sie sind wie verhext & meinen, ich sei's. Samstag gehe ich mit Papa auf die Reise, auch nach Venedig. Ich war so traurig, daß ich nicht mit wollte; doch sie erschraken darob so heftig, daß mir ganz Angst wurde.

Von diesen Ferien werd ich mich erst allmählich in Deinen Armen erholen können – es gibt ärgere Sachen als ein Examen. Jetzt weiß ichs. Das ist ärger als die Schwierigkeiten in der Welt.

Meine einzige Zerstreuung ist das Studium, das ich jetzt mit doppelter Liebe betreibe & meine einzige Hoffnung bist Du, meine liebe, treue Seele. Ohne den Gedanken an Dich möchte ich gar nicht mehr leben im traurigen Menschengewühl. Doch Dein Besitz macht mich stolz & Deine Liebe macht mich glücklich. Doppelt seelig werde ich sein, wenn ich Dich wieder ans Herz drücken kann und Deine liebenden Augen sehe, die nur mir leuchten und Deinen lieben Mund küsse, der nur mir in Wonne gezittert.

Gottlob, daß nun der August vorüber geschlichen ist. 4 Wochen noch, dann sind wir wieder vereint und leben uns gegenseitig zu Gefallen. Aber dann werd ich Dich nicht so bald wieder fort lassen!

Ich bin hier viel bei Michele am Abend.[2] Ich liebe ihn sehr wegen seines Scharfsinns und seiner Einfachheit, & auch Anna und ganz besonders den kleinen Balg mag ich sehr gern leiden.[3] Sein Haus ist einfach und gemütlich, wenn gleich's an Geschmack im Kleinen doch ein wenig mangelt.

Sei herzinnigst geküßt von Deinem

Schatz.

Freitag. Morgen gehen wir also auf die Reise, kommen aber in einer Woche wieder zurück, so daß Du mir Deine Briefchen ruhig weitersenden sollst. Vielleicht kommt Luigi A[nsbacher][4] zu uns auf Besuch.

Zur Untersuchung des Thomsoneffekts hab ich wieder zu einer andern Methode meine Zuflucht genommen, die eine gewisse Ähnlichkeit mit der Deinen zur Bestimmung der Abh[ängigkeit] von $\varkappa$ von T hat & welche eine solche Untersuchung auch voraussetzt.[5] Wenn wir nur gleich morgen anfangen könnten! Mit Weber wollen wir uns um jeden Preis gut zu stellen suchen, da sein Laboratorium doch das beste und am besten bedient ist.[6]

Sei innigst geküßt von Deinem

Albert.

Wie gehts Deinem Hälschen?[7]

Für Michele untersuche ich die interessante Frage: Wie geht die elektrische Energiestrahlung in den Weltraum von einem Sinuswechselstrom vor sich? Über die Amplitude der erzeugten Wellen in Abhängigkeit von Schwingungszahl etc....[8]

❦

21 *Albert an Mileva*

[Mailand,] Donnerstag. [13.? September 1900][1]

Mein liebstes Doxerlin!

¾ von der dummen Zeit ist nun vorüber, bald werd ich wieder bei meinem Schätzchen sein und es küssen, herzen, Gofeerl[2] kochen, schimpfen, streben, lachen, bummeln, schwatzen ... + in infinit.! Gellst, das soll uns wieder ein lustiges Jahr werden! Ich hab schon gesagt, daß ich Weihnachten bei Dir bleibe. Ich kanns gar nicht erwarten, bis ich Dich wieder hab, mein Alles, mein Lüderchen, mein Gassenbub, mein Frätzchen. Wenn ich jetzt an Dich denk, mein' ich grad, ich wollt Dich gar nie mehr ärgern & aufziehen, sondern immer sein wie ein Engel! O schöne Illusion! Aber gelt, Du hast mich sonst auch gern, wenn ich auch wieder der alte Lump bin, voll von Kapricen, Teufeleien und launisch wie stets!

Ich weiß nicht, ob ich Dir jetzt so regelmäßig geschrieben hab als sonst. Mach aber deshalb kein böses Gesicht – meine Tante ist zu Besuch da (die gepriesene von Genua) mit ihrem Töchterlein, einem traurig verzogenen Balg.[3] Da hab ich gar keinen Raum, wo ich allein bin, Dir zu schreiben. Schreib ich aber vor meinen Eltern, so meinen sie, ich thäts ihnen zum Trotz. Sie sind übrigens sehr nett zu mir, ganz besonders Papa; sie scheinen sich drein geschickt zu haben ins unvermeidliche Schicksal. Sie werden Dich beide noch recht gern haben, wenn sie Dich einmal kennen. Ich bin nun doch recht froh, daß ich alles gesagt habe. Sie können auch froh sein, denn eine Bessere wie Dich könnt ich auf der Welt nicht finden, das seh ich jetzt erst recht, wo ich andre Leute sehe. Ich schätz Dich aber auch & lieb Dich, wie Dus verdienst. Sogar meine Arbeit erscheint mir zwecklos und unnötig, wenn ich mir nicht dazu denke, daß Du Dich mit dem freust, was ich bin und was ich thu. Doch jetzt will ich Doch endlich den Grundriß von meinem Riesenfüßerlin angeben, den ich Dir so oft zu schreiben vergaß.

Dem Johonnsel sei Haxn!

Da Du eine große Phantasie hast & astronomische Distanzen gewöhnt bist, so glaube ich, daß das nebenstehende Kunstwerk genügen wird.

Daß Du recht viel bummelst & recht verbrannt bist, das freut mich – wie will ich mein Negermädel verdrücken! Ich freu mich auch sehr auf unsere neuen Arbeiten. Du mußt jetzt Deine Untersuchung fortsetzen – wie stolz werd ich sein, wenn ich gar vielleicht ein kleines Dokterlin zum Schatz hab & selbst noch ein ganz gewöhnlicher Mensch bin![4]

Aber gelt, das hab ich Dir im letzten Brief schon geschrieben, daß Matter die Stelle in Frauenfeld bekommen hat[5] & ich also wahrscheinlich zum Hurwitz-Diener
mit Gottes Hilfe avancieren werde (natürlich weil er ein
Mann ist). Macht nix Toxerlin,[6] dafür ists Deiner!
Der Boltzmann ist ganz großartig.[7] Ich bin nun fast
damit fertig. Er ist ein meisterhafter Darsteller. Ich bin
fest von der Richtigkeit der Prinzipien der Theorie überzeugt, das heißt ich bin überzeugt, daß es sich wirklich
um Bewegung diskreter Massenpunkte von bestimmter
endlicher Größe bei den Gasen handelt, die sich gemäß
gewissen Bedingungen bewegen. Boltzmann betont sehr
richtig, daß die hypothetischen Kräfte zwischen den Molekülen kein wesentlicher Bestandteil der Theorie seien,
da die ganze Energie kinetischer Art sei.[8] Es ist ein Schritt
weiter in der dynamischen Erklärung der physikalischen
Erscheinungen.
Weißt Du auch schon, daß ich mich seit einiger Zeit mit
bestem Erfolg selbst rasiere? Du wirst gucken Toxerline!
Das kann ich immer dann thun, wenn Du 's Gofeerl
kochst nach dem Mittagessen, daß ich nicht, wie gewehn-
lich weiter studier, während das arme Doxerl nadierlich
gochen muß, während der faule Johonzel sich nimmer
rührt, sobald er das rasch erledigte Gebot »Mol ders«
schleunigst erledigt hat.
Sei mir herzlichst gegrüßt & geküßt, mein lieber
Schatz, & grüße mir freundlichst Deine Lieben von Deinem

Albert.

22 *Albert an Mileva*

Zürich [Mailand,] Mittwoch Abend im Bett.

[19. September 1900][1]

Mein liebes Doxerl!

Dank Dir für Dein liebes Brieferl mit den netten Zukunftsträumen, den Nudeln & Xantipeleien, und dem Plan dazu, die kleine dicke Schwester[2] in unsere »Europäische Kultur« mitzubringen. Damit sie eine recht hohe Meinung davon bekommt & wir ihr recht imponieren, hab ich schon zwei Kaffeelöffelchen für unsere Haushaltung gekauft. Wie reizend wird es werden, bis ich Dich wieder verdrücken kann, Du mein kleiner Gassenbub, meine kleine Veranda, mein Alles!

Denk Dir, Morgen Früh reiße ich wieder einmal aus in die Berge – ich steige auf einen Berg am Lago Maggiore & besuche dann Isola Bella.[3] Wie herrlich wärs, wenn auch Madame Federico Maier dabei sein könnte, um all die Herrlichkeiten anzugucken und *ihm* am stillen Abend dann die Schrullen des Denkens gar süß und nett zu vertreiben, gelt, süße Miez! Wie werd ich Dich beißen und herzen, wenn ich Dich wieder hab – & nun dauerts wegen dem dummen Kröpferl noch über 3 Wochen. Wie gehts denn damit? Ich reise voraussichtlich 1. Oktober nach Zürich, um persönlich mit Hurwitz wegen der Stelle zu reden. Das ist doch besser als Schreiben. Ich soll mich um Verdienstquellen für Dich umsehen? Ich meine, ich werde mich nach Privatstunden umsehen, die dann vielleicht Du übernehmen könntest. Oder denkst Du noch an was anderes? Schreib mir doch darüber!

Was übrigens auch immer werden mag, wir kriegen das reizendste Leben von der Welt. Schöne Arbeit und beisammen – und dabei sind wir jetzt noch beide unsre eigenen Herrn & stehen auf eigenen Füßen & können voll und ganz unsre Jugend genießen. Wer könnt es schöner haben? Wenn wir uns dann genug erspart haben, kaufen wir uns Velos und machen alle paar Wochen eine Radelpartie. Deiner lieben Schwester, die mir durch ihre muntern Briefchen ja schon bekannt ist, wird es gewiß auch bei uns gefallen – ich brauch Dir wohl nicht erst zu sagen, daß sie mir herzlich willkommen ist, das lustige, trotzige Ding! Gestern hab ich in einem launigen Stündchen einem meiner früheren Lehrer in München, den ich besonders gern hatte, einen Brief geschrieben,[4] will sehen, ob er mir vielleicht was drauf antwortet.

Nun hab ich schon den ganzen Boltzmann studiert und ein Stück der Kugelfunktionen, die mich jetzt sogar ziemlich interessieren.[5] In der Not frißt der Teufel Fliegen...

In ein paar Tagen kommt Luigi A[nsbacher], mit dem wir Maja stets necken – ich freue mich aufs Musizieren mit ihm.

Ich hab auch schon daran gedacht, daß mein Schätzchen obdachlos ist, wenn es nach Zürich kommt. Frau Hägi hat leider in ihrer neuen Wohnung auch keinen Platz mehr.[6] Ich werde mich aber schon nach was umsehen. Vielleicht könnte ich Euch gleich Zimmer suchen. Wenn ich nur nicht Angst hätte wegen der Verantwortung – denn mein kleiner Balg ist gar kapriziös.

Das arme Helenchen hat nun doch Feuer gefangen dank seiner rühmlichen Ausdauer – ihr feiner Geist wird nun in seinem Fett ersticken – eine traurige physiologische Prophezeiung.[7] Es ist wirklich schade um sie. Zudem glaube ich, daß er in kurzer Zeit wieder der gleiche Lump sein wird, der er war. So was verliert sich schwer.

Der »Bräutigam« ist also wirklich ein veritabler »Mann« geworden? Siehst Du, es geschehen auch in unserm skeptischen Zeitalter noch veritable Wunder.

Freundliche Grüße an Deine Lieben! Du aber seist überall abgebusselt, wo Dus erlaubst von Deinem

Johonzel.

ৡৄ

*Der in dem seit 1806 württembergischen
Buchau am Federsee geborene Vater Hermann
Einstein (1847–1902), der kaufmännische
Leiter der elektrotechnischen Firma »Einstein
& Co.«, Mailand.*

*Die aus Bad Cannstatt stammende Mutter Pauline
Einstein, geb. Koch (1858–1920), die eine Heirat
ihres Sohnes mit Mileva Marić strikt ablehnte.*

Mileva Marić um 1896, als sie am Polytechnikum in Zürich mit dem Studium begann.

◄ *Albert Einstein als Student am Polytechnikum Zürich. Er schenkte Mileva diese Aufnahme im Jahre 1898.*

Die Schwester Maria Einstein (1881–1951), genannt Maja oder Maya. Sie promovierte 1909 an der Universität Bern in Romanistik und heiratete 1910 den Maler Paul Winteler.

Das Hauptgebäude des
Polytechnikums in Zürich,
der späteren
Eidgenössischen Technischen
Hochschule.

Die Studienfreunde
Albert Einstein und
Marcel Grossmann im
Garten des Gross-
mannschen Hauses in
Thalwil am
28. Mai 1899.

Die Mutter Pauline Einstein.

Schaffhausen, Fulachstraße 6, wo Einstein im Spätjahr 1901 wohnte. Von hier schrieb er an Mileva: »Ich arbeite eifrigst an einer Elektrodynamik bewegter Körper, welches eine kapitale Abhandlung zu werden verspricht.«

*Einstein mit
seinem ersten
Sohn Hans
Albert,
um 1903.*

*Albert und
Mileva mit
Hans Albert,
um 1904.*

Mileva mit Hans Albert, um 1907.

23 *Albert an Mileva*

Mailand. Mittwoch. [3. Oktober 1900][1]

Liebes Doxerl!

Jetzt hab ich aber bald wirklich ein schlechtes Gewissen, daß ich Dir gar nicht mehr oft genug geschrieben hab in der letzten Zeit, obwohl ichs eigentlich gar nicht genau sagen kann, wann ich Dir zum letzten Mal geschrieben hab. Eigentlich sollt ich Dich jetzt nimmer ärgern, wo wir uns so bald wiedersehen, von wegen den Gardinen, aber er ist halt dumm der Johannsel.

Das freut mich, daß nun Deine Schwester doch kommt. Wir wollen ihr Heimweh & sonstige Grillen schon vertreiben, wenn ichs auch nicht kann auf serbisch. Das Schlitteln hat also die Sache zum Klappen gebracht! 'S geht halt nix über ein Frauenzimmer (Du nadierlich bist bei solchen Betrachtungen immer ausgenommen als Naturforscherlein).

Ich hab nun meinen Aufenthalt hier bis Sonntag früh verlängert, weils mir jetzt recht wohl hier ist. Meine Alten haben sich, wenn auch zögernd und grollend, aus dem Kampf ums Dockerl zurückgezogen, als sie sahen, daß sie den Kürzern ziehen müssen. Jetzt sind sie froh mit dem guten Wetter & verschonen mich vollkommen mit weitern Debatten. Hurwitz hat mir noch nichts weiter geschrieben, doch hege ich kaum einen Zweifel.

Der Michele hats schon gemerkt, daß ich Dich mag, denn obwohl ich kaum von Dir gesagt hab, sagte er, als ich sagte, ich müsse jetzt wieder nach Zürich: »Er wird halt zu seiner Kollegin wollen, was sollt ihn sonst schon nach Zürich locken!« Ich sagte darauf: »Sie ist aber leider noch nicht dort«. Ich hab ihn sehr dazu angestachelt, er solle Dozent werden, aber ich glaube kaum, daß ers thut. Er will sich eben mit seiner Familie nicht von seinem Vater[2] verhalten lassen, das ist ja ganz natürlich. Es ist sehr schade für seine wirklich hervorragende Intelligenz.

In der physikalischen Chemie weiß ich nun schon ziemlich was.[3] Ich bin ganz entzückt über die Erfolge, die man in diesem Gebiet in den letzten 30 Jahren errungen hat.[4] Du wirst Freude daran haben, wenn wirs zusammen durchnehmen. Auch die benützten physikalischen Untersuchungsmethoden sind sehr interessant. Das Allerprachtvollste ist die Ionentheorie, welche sich in den verschiedensten Gebieten glänzend bewährt hat.[5]

Die Resultate über Kapillarität, welche ich neulich in Zürich fand, scheinen trotz ihrer Einfachheit vollkommen neu zu sein. Wenn wir nach Zürich kommen, suchen wir uns empirisches Material über die Sache durch Kleiner zu verschaffen.[6] Wenn sich dabei ein Naturgesetz ergibt, dann schicken wirs ein in Wiedemanns Annalen.[7]

Gegenwärtig ist der Exbräutigam Fritz Winteler bei Anna zu Besuch; er ist ein ekelhafter Fachsimpel & wird wieder Assistent in Darmstatt.[8]

Gelt, Dir gefällt das philiströse Leben auch nicht mehr recht! Wer halt die Freiheit gekostet hat, der kann die Fesseln nicht mehr ertragen. Wie glücklich bin ich, daß ich in Dir eine ebenbürtige Kreatur gefunden habe, die gleich kräftig und selbständig ist wie ich selbst! Außer mit Dir bin ich mit allen allein.

Sei mir herzlich abgebusselt von Deinem

Albert

Grüße an Deine Lieben!

Dolderstr. 17.[9]

24 *Albert an Mileva*

Mailand. Samstag. [23. März 1901][1]

Mein liebes Doxerl!

Nun hab ich schon so bald ein Lebenszeichen von Dir bekommen, schon am ersten Tage. Das ist eine böse Geschichte mit dem Riecke, ich gebe die Stelle fast verloren.[2] Ich glaube kaum, daß Weber eine so schöne Gelegenheit vorbeigehen lassen wird, ohne was anzustellen.[3] Deinem Rat gemäß, Liebe, habe ich an Weber geschrieben, damit er wenigstens weiß, daß er das, was er thut, nicht hinter meinem Rücken thun könne. Ich schrieb ihm, ich wisse, daß meine Ernennung nur von seinem Referat noch abhänge. Ich bin recht neugierig, was Ostwald schreiben wird.[4]

Auf der Reise ist mir eine originelle Idee gekommen. Es scheint mir nämlich nicht ausgeschlossen, daß die latente kinetische Energie der Wärme in festen Körpern und Flüssigkeiten als elektrische Resonatorenenergie auffaßbar sei.[5] Es müßten dann spezifische Wärme und Absorptionsspektrum der Körper zusammenhängen. Das Gesetz von Dulong & Petit gälte für solche Substanzen, deren kleinste Teile eine gewisse totale Resonanz in elektrooptischem Sinne aufwiesen. In der That sind sämmtliche Stoffe, welche das Gesetz von Dulong & Petit erfüllen, nahezu vollkommen undurchsichtig & scheinen bei Erhitzung nahezu dasselbe Spektrum aufzuweisen.[6] Andererseits sind die organischen Stoffe, welche, wie wir gesehen haben, verhältnismäßig kleine spezifische Wärme zeigen, sämmtlich durchsichtig & zeigen kontinuierliche Absorptionsspektra,[7] während zum Beispiel Hg das Dulong-Petitsche Gesetz ziemlich erfüllt und vollkommen undurchsichtig ist.[8] Ich glaube geradezu, daß das Gesetz gilt: Dul[ongs] Gesetz erfüllen nur undurchsichtige Substanzen. Durchsichtige haben stets kleinere kinetische Energie. Gase werden sich wohl leider, wegen

119

der Unstetigkeit der Erscheinungen bei ihnen, kaum zur Lösung des Rätsels heranziehen lassen. Doch zeigen Verbindungen von großer »innerer« Energie bandenförmige Absorptionsspektra.[9] Wie steht es denn mit der spezifischen Wärme des Glases in Berücksichtigung seiner Zusammensetzung? Es müßte im Vergleich zu seiner Molekülzahl eine kleine Molekularwärme haben.[10] Sieh doch einmal nach, ob Du nichts darüber finden kannst!

Was treibst Du denn immer, kleine Schelmin? Koch Dir nur oft ein schönes Gofeerl und laß Dir nichts abgehen. Ich denke viel an Dich (ganz unaufgefordert) und freue mich immer noch darüber, wie vergnügt Du am letzten Tage unseres Beisammenseins gewesen bist. Sei bei der Gelegenheit gleich aufs liebe Mäulchen geküßt, damits ja nicht vergeht.

Denk Dir einmal, was ich alles in Zürich gelassen habe! Mein Nachthemd & meine Waschsachen & Zahnbürstchen & Kamm & Haarbürste. Schicke doch alles an meine Schwester (Töchterheim Aarau). Sie kanns nachher mitnehmen.[11]

Ist ein Glück, daß wir die Axenstraße nicht gemacht haben.[12] Das wär eine saubere Patscherei gewesen. Man hat nicht einmal aufs andere Ufer gesehen.

Ich bin auf der Reise mit zwei jungen Burschen gereist. Auf einmal stellt sichs heraus, daß der eine 4 Semester in Göttingen Mathematik & Physik studiert hat! Du kannst Dir lebhaft denken, wie ich ihn nach den dortigen Verhältnissen ausfragte. Auch fachsimpelten wir viel in Erkenntnistheorie. Er sagte, Riecke sei ein sehr freundlicher jovialer Herr & ich hätte als Assistent bei ihm sehr wenig zu thun ... wenn wenn ... Du kennst das Liedchen, das wir schon so oft zusammen gesungen haben.

Hier habe ich noch kaum das Haus verlassen, sondern lebe ruhig dahin, damit sich meine Nerven ein wenig beruhigen. Meine Alten thun auch ihr Möglichstes dazu; die Armen haben stets Ärger und Sorgen wegen des leidigen Geldes. Mein lieber Onkel Rudolf (der Reiche) sekiert sie schrecklich.[13]

Sei recht fleißig, meine Liebe, und such Dir ein freundliches Zimmerchen, in dem Dirs wohl ist. Als Doktorchen und Professorlein busselt sichs ebensogut. Hast Du auch dem Wenger[14] eine Abhandlung zukommen lassen?

Sei herzlich gegrüßt und geküßt vom

Johonzel.

ॐ

25 *Albert an Mileva*
Mailand, Mittwoch. [27. März 1901][1]
Mein liebes Miezchen!

Besten Dank für Deine Briefchen und alle treue Lieb, die drin steckt. Sei herzlich dafür geküßt und verdrückt, grad so, wie Du's möchtest & wies Dir gehört, Liebe. Rieckes Absage hat mich nicht überrascht,[2] auch bin ich ganz fest überzeugt, daß Weber schuld ist. Die Ausrede ist nämlich zu unwahrscheinlich, und von der zweiten Stelle erwähnt er überhaupt gar nichts.[3]

Ich bin überzeugt, daß es unter diesen Umständen keinen Sinn hätte, nochmals an Professoren zu schreiben, da es sicher ist, daß sie sich alle bei Weber erkundigen würden, wenn es weit genug wäre und dieser wieder eine schlechte Auskunft gäbe. Ich werde mich an meine früheren Lehrer in Aarau und München wenden,[4] hauptsächlich aber einen Versuch machen, in Italien eine Assistentenstelle zu bekommen. Erstens fällt nämlich hier eine Hauptschwierigkeit weg, nämlich der Antisemitismus, der mir in deutschen Ländern ebenso unangenehm als hinderlich wäre,[5] zweitens habe ich hier ziemlich Protektion. Herr Ansbacher[6] ist nämlich intimer Freund mit dem Professor der Chemie am hiesigen Polytechnikum,[7] ferner ist Micheles Onkel Professor der Mathematik.[8] Michele ist zwar ein arger Schlemihl, aber ich packe ihn beim Kragen und schleife ihn zu seinem Onkel mit & übernehme dann selbst das Wort. Gegenwärtig weilt Michele mit Weib und Kind in Triest bei seinen Eltern und kommt erst wieder in ca 10 Tagen. Du brauchst keine Angst haben, daß ich ihm oder sonst jemand ein Wort von Dir sage. Du bist und bleibst mir ein Heiligtum, in das niemand dringen darf; auch weiß ich, daß Du mich von allen am innigsten liebst und am besten verstehst. Auch versichere ich Dir, daß es hier niemand wagt noch wollte, was Schlimmes über Dich zu sagen. Wie glücklich und stolz werde ich sein, wenn wir beide zusammen unsere Arbeit über die Relativbewegung siegreich zu Ende geführt haben! Wenn ich so andre Leute sehe, da kommt mirs so recht, was an Dir ist!

Vorgestern Abend war Micheles Direktor,[9] mit dem wir ziemlich bekannt sind, bei uns zum Musizieren. Er erzählte, wie vollkommen unbrauchbar und fast unzurechnungsfähig Michele sei trotz seiner so außerordentlich ausgedehnten Kenntnisse. Am ergötzlichsten ist folgendes Geschichtchen, dessen Wahrheit wohl verbürgt werden kann, da der betreffende von meiner Freundschaft mit Michele unterrichtet ist & fürchten muß, daß ihm die Sache wieder zu Ohren kommt... Hatte der Michele einst wieder einmal nichts zu thun. Da schickt ihn sein Prinzipal in die Zentrale Casale,[10] damit der die neu gemachten Leitungen inspiziere und prüfe. Unser Held entschließt sich, abends zu fahren, natürlich um kostbare Zeit zu sparen, versäumte aber leider den Zug. Am nächsten Tag dachte er zu spät an seinen Auftrag. Am dritten Tag ging er zeitig an die Bahn, merkte aber zu seinem Schrecken, daß er nicht mehr wußte, was man ihm aufgetragen hatte; er schrieb also sofort eine Karte ins Bureau, man solle ihm hintelegrafieren, was er zu thun hätte! Ich glaube, der ist nicht normal.

Über die Frage der spezifischen Wärme, welche zugleich den Zusammenhang zwischen Temperatur und Strahlungsvorgang umfaßt, sind mir nun für die Metalle ganz einfache Konsequenzen in den Sinn gekommen, welche sich vielleicht aus den schon gemachten Versuchen prüfen lassen. Sei die Amplitude eines mit gewisser Wellenlänge in der Richtung des $+ x$ fortschreitenden Wellenzuges $Ie^{-\alpha x}$, wobei I eine Konstante. Sei ferner N die Anzahl der in der Volumeneinheit vorhandenen Strahlungsresonatoren (Atome), so soll α/N unabhängig von der Natur der Substanz sein und linear abhängig von der Temperatur. α/N wäre also eine von der Natur des Metalles unabhängige Funktion von der Form $L_1(\lambda){\cdot}T + L_2(\lambda)$.[11]

Es wäre nun zuerst zu untersuchen, ob α durch Versuche am reflektierten Licht bestimmbar ist, und in wie weit die bisherigen Versuche zur Entscheidung der Frage benützbar sind. Ich brenne vor Begier, mich da hineinzuarbeiten, da ich hoffe, daß sich ein gewaltiger Schritt zur Erforschung der Natur der latenten Wärme wird machen lassen. Vergiß ja nicht, nachzusehen, in wie weit das Glas dies Gesetz von Dulong und Petit erfüllt.

Meinen Schirm behalte nur vorläufig. Wir werden dann schon sehen, was damit ist. Wenns mir nur noch gelänge, eine Stelle zu bekommen, damit wir im Sommer ein Reischen machen können. Hoffen wir das Beste.

Sei innig gegrüßt und geküßt, mein liebes Nuckerl, von Deinem

Albert.

Wie gehts denn mit der neuen Bude in spe?[12]

✍

26 *Albert an Mileva*

Zürich [Mailand,] Donnerstag. [4. April 1901][1]

Liebes Doxerl!

So lang schon hab ich Dein liebes gutes Brieferl erhalten & noch nicht hab ichs beantworten können, so sehr sind meine Tage ausgefüllt, zumeist mit dummem Zeug. Ich freue mich im Geheimen sehr, bis ich wieder von zuhause fort bin, weil es schwer ist, hier solid zu arbeiten.

Gegen die Studien über die Strahlung von Max Planck sind mir prinzipielle Bedenken aufgestiegen, so daß ich seine Abhandlung mit geteilten Gefühlen lese.[2] Dagegen habe ich von Paul Drude eine Studie über Elektronentheorie in Händen, welche mir ganz aus der Seele geschrieben ist, obwohl sie große Schlampereien enthält.[3] Der Drude ist ein genialer Kerl, das ist zweifellos. Er setzt auch voraus, daß es vorzugsweise negative elektrische Kerne sind ohne ponderable Masse, welche die thermischen und elektrischen Erscheinungen in Metallen bedingen,[4] gerade wie mirs noch kurz vor meiner Abreise von Zürich vorgeschwebt ist.[5]

Michele ist vorgestern mit Weib und Kind von Triest eingetroffen. Er ist ein arger Schwächling ohne einen Funken gesunde Menschlichkeit, der sich zu keiner That in Leben und wissenschaftlichem Schaffen aufraffen kann, aber ein überaus feiner Kopf, in dessen allerdings unordentlichen Betrieb ich mit großem Genuß hineinsehe. Ich habe gestern Abend fast 4 Stunden mit ihm gefachsimpelt mit großem Interesse. Wir sprachen über die prinzipielle Trennung von Lichtäther und Materie, Definiton absoluter Ruhe, Molekularkräfte, Oberflächenerscheinungen, Dissoziation. An unsern Forschungen nimmt er großes Interesse, wenn er auch oft vor kleinlichen Skrupeln das große Ganze übersieht. Das liegt so in seinem kleinlich angelegten Wesen, das ihn beständig mit allerlei nervösen Vorstellungen peinigt. Vorgestern war er meinetwegen bei seinem Onkel Prof. Jung, einem der einflußreichsten Professoren Italiens & gab ihm auch unsere Abhandlung.[6] Ich lernte den Mann schon früher einmal kennen & muß gestehen, daß er mir den Eindruck eines recht unbedeutenden Menschen gemacht hat. Er versprach, an die bedeutendsten Professoren Italiens (Physiker), Righi & Battelli, meinethalben zu schreiben,[7] das heißt, anzufragen, ob sie keine Assistenten brauchen. Das ist schon sehr viel, da er auch sonst mit diesen gut befreundet zu sein scheint. Außerdem habe ich mich ans Polytechnikum Stuttgart gemeldet, wo eine Stelle frei ist[8] & noch einmal an Ostwald geschrieben.[9] Bald werde ich alle Physiker von der Nordsee bis an Italiens Südspitze mit meinem Offert beehrt haben!

Du hast ganz recht, Liebe, daß Du wieder zu Engelbrechts gegangen bist.[10] Nach den bisherigen Erfahrungen scheint es dort immer noch am besten zu sein. Wenn ich mir bis zum Sommer schon was verdient habe, so werden wir sicher unser Reiserl nach Venedig oder sonst wo hin zusammen machen. Wie thät ich mich freuen! Hier bin ich doch recht eigentlich fremd & ich sehe jetzt so recht ein, was Schätzchens Liebe gegen Elternliebe ist. Das ist wie Tag und Nacht verschieden. Sei drum herzlich geküßt und sollst wissen, daß ich mich durch Deine Hingabe so beglückt fühle, daß mir ohne sie das Leben unsagbar öd wäre. Hast Recht, daß Du viel ins Konzert gehst, besonders in die prachtvolle Messe von Bach. Schreib mir auch, wie Dirs drin gefallen hat.

Jetzt aber muß ich fort in die Bibliothek, sonst wirds zu spät.

Sei mir geküßt und ganz verdrückt von Deinem

Johonzel.

27 *Albert an Mileva*
                    Mailand, Mittwoch. [10. April 1901][1]
Liebes Miezchen!

Wenn Du Deine Macht über mich besser kennen
thätst, Du kleines Hexchen, hättest nicht immer Angst,
ich möchte Dich hintanhalten mit allem Möglichen, denn
das ist wahrlich nicht meine Absicht. Auch sag ich Dir
gleich, Liebe, daß mein Mut und meine gute Laune ganz
und gar nicht gebrochen ist, zumal ich aus Deinem Briefchen ersehe, daß Du stets munter bist. So will ich Dir also
heut ausführlich über mich berichten, weil ich sehe, daß
Du es gern hast.

In der letzten Woche studierte ich aus Micheles
»Ostwald« Elektrochemie und Reaktionschemie[2] und in
der Bibliothek über Elektronentheorie der Metalle. Was
mich gegen Plancks Betrachtungen über die Natur der
Strahlung einnimmt, ist leicht gesagt. Planck nimmt an,
daß eine ganz bestimmte Art von Resonatoren (bestimmte Periode und Dämpfung) den Umsatz der
Energie der Strahlung bedinge, mit welcher Voraussetzung ich mich nicht recht befreunden kann.[3] Vielleicht
ist seine neueste Theorie allgemeiner.[4] Ich habe eben
im Sinn, mich daran zu machen. Drudes Elektronentheorie ist eine kinetische Theorie der elektrischen und
Wärmeerscheinungen in Metallen, ganz im Sinne der
kinetischen Gastheorie. Wenn nur der dumme Magnetismus nicht wäre, mit dem wir so wenig anzufangen
wissen![5] Immerhin glaube ich, daß Drude auf dem
richtigen Wege ist, und seine Auffassung erhält auch
thatsächlich recht anerkennenswerte Bestätigungen
durchs Experiment. Ein andermal sag ich Dir mehr davon. Von meiner Idee über das Wesen der latenten
Wärme in festen Körpern bin ich wieder etwas ab-
gekommen, weil eben meine Anschauungen über die
Natur der Strahlung wieder ins Meer der Unklarheit

zurückgesunken sind. Vielleicht bringt die Zukunft was Vernünftigeres!

Ostwald hat mir nicht (nie) geschrieben, auch nicht ein Professor in Stuttgart, an den ich mich gewendet habe, ebenso wenig habe ich bis jetzt in Italien etwas in Aussicht. Ich bin aber gar nicht entmutigt deswegen & habe mir den Ärger schon abgewöhnt, der doch zum großen Teil gekränkter Eitelkeit entstammte. Battelli ist in Pisa & Righi in Bologna. Prof. Jung, Micheles Onkel, versprach, mich dorthin zu empfehlen. Weiter habe ich seither nichts erfahren. Doch bin ich, wie gesagt, nicht verstimmt, sonst hätte ich Dir gewiß schon mein Herz ausgeschüttet, Du liebe, gute Seele, wie ichs seit lange gewöhnt bin.

Nun will ich Dir auch sagen, warum ich so viel zu thun habe. Ich leiste die ganze Zeit Bädeckerdienste. Prof. Winteler ist nämlich hier für die Osterferien, dem ich mich natürlich viel widmen muß. Er ist ein alter Dorfschulmeister, was er auch sagt, aber gescheidt dabei und hauptsächlich vorurteilslos. Er macht sich von dem »casus belli« nichts wissen, sondern meint, Mädchensachen ... Privatsachen, und redet lieber mit mir über andre Sachen. Auch muß ich ähnliches für ein paar Damen leisten, die bei Frau Ansbacher zu Besuch sind.[6] Da heißts halt mit Recht: »Der Albert hat ja Zeit ... er ist auch ein guter Kerl.«

Maya ist nun auch hier und sehr giftig gegen mich.[7] Daß ihr doch die mädchenhafte Selbstlosigkeit gar so fremd ist! Wie gut bist Du dagegen, mein liebes, treues Mädchen! Dafür wollen wir aber auch unser sommerliches Reischen *sicher* zusammen machen, und wenn wir auch das Moos dazu stehlen müßten. Das Geld, was Du von mir hast, behalte ruhig, es ist ja bei Dir am besten aufgehoben. Auch braucht niemand wissen, daß Du etwas von mir hattest.

Ich freue mich sehr, daß Du so gern wieder bei der Engelbrecht bist. Sie ist auch eine der wenigen, die den Namen Mensch verdienen, sie ist eine tüchtige Persönlichkeit.

Nun aber kommst nochmal extra Du dran, Liebe! Sei mir geküßt, verdrückt und geliebt, wie es Deine Treue verdient. Ich denke so oft dran im Tag. Jetzt strebt das liebe Miezchen wieder fest drauf los, doch abends denk ich, jetzt denkts in Liebe an mich und küßt im Bett sein Kissen. Ich weiß schon, wie mans macht!

Einen innigen Gruß von Deinem

Albert.

28 *Albert an Mileva*

Mailand, Montag. [15. April 1901][1]

Mein liebes Doxerl!

Sei nicht bös, daß ich Deinem Ruf nicht nach Lugano gefolgt bin. Ich war am Ende der letzten Woche in sehr katzenjämmerlicher Stimmung, weil mir wieder einige Stellenjägereien nicht vorwärts gehen wollten. Doch wart nur, Liebe, in ein paar Wochen sehen wir uns doch – gell da schaugst! Krieg ich da gestern ein Briefchen von Prof. Rebstein am Technikum Winterthur mit der Anfrage, ob ich ihn nicht von 15. Mai bis 15 Juli vertreten wolle, weil er ins Militär muß.[2] Du kannst Dir denken, wie gerne ich das thue! Ich habe allerdings gegen 30 Stunden per Woche zu geben, darunter sogar in darstellender Geometrie, aber der wackre Schwabe forcht sich nit. Nun aber höre weiter. Vorgestern Abend kriegte ich von Marcel einen Brief, worin er mir mitteilt, daß ich wahrscheinlich im Amte zum Schutze geistigen Eigentums in Bern bald eine bleibende Stellung bekommen werde![3] Ist das nicht fast zu viel auf einmal? Denk Dir, was für eine wunderbare

Arbeit das für mich wäre! Ich wäre überglücklich, wenn etwas daraus würde. Denk Dir, wie nett das von Großmanns ist, daß sie sich jetzt noch für mich bemüht haben.[4] Jener Rebstein wird wohl Hertzogs früherer Assistent sein, den wir ja noch kannten.[5]

Wissenschaftlich ist mir eine äußerst glückliche Idee gekommen, welche eine Anwendung unserer Theorie der Molekularkräfte auch auf Gase gestatten wird.[6] Du erinnerst Dich gewiß, daß die Kräftefunktion explizite in den Integralen vorkommt, welche zur Berechnung der Diffusion, Wärmeleitung & inneren Reibung auszurechnen sind.[7] Also sind unsere Konstanten c_a[8] bei den Gasmolekülen für ideale Gase *allein* zur Bestimmung jener Koeffizienten notwendig, und man braucht sich nicht auf das theoretisch so unsichere Gebiet der Abweichungen vom idealen Gaszustand begeben.[9] Ich bin auf den Ausgang jener Untersuchung äußerst gespannt. Wenn sie zu etwas führt, so kennen wir die Molekularkräfte beinahe ebensogut wie die Gravitationskräfte, nur daß das Gesetz des Radius noch unbekannt bleibt.[10] Leider muß ich auch gestehen, daß jener Gedanke zur Untersuchung der Salzlösungen auf so schwacher Basis ruhte, daß ich glaube, man solle sich zunächst einzig darauf beschränken, unendlich verdünnte Lösungen zu untersuchen, bei welchen eine Wechselwirkung zwischen den Molekülen der gelösten Substanz noch nicht eintritt.[11] Man kann so eine große Menge von c_a bestimmen, welche zur annähernden Prüfung der Verwandtschaftshypothese mit der Gravitation verwendet werden könnten. Über das Wirkungsgesetz selbst werden vielleicht eher die Großen $\frac{\gamma - T \frac{d\gamma}{dt}}{\text{Volumenergie}}$[12] und jene Integrale aus der Gastheorie Aufschluß geben können. Könntest Du mir nicht Kirchhoffs Wärme[13] schicken. Die naturwissenschaftlichen Volksbücher[14] will ich gern direkt Deiner Schwester schicken, wenn es Dir recht ist. An welche Adresse sollten sie geschickt werden?

Und wie gehts denn Dir, liebes Mädel? Die Sparkasse brauchst Du nicht zu jenem altruistischen Zweck anzulegen, wir werden im Sommer alles brauchen können am Simbloner.[15] O, wie ich mich freue! Jetzt werden wir ganz gewiß gehen können. Vor dem Chinesensohn muß man wirklich Respekt haben! Auch mir flößt er nun alle Achtung ein. Du bist also jetzt mein kleines Fröscherl! Nun, wir werden ja sehen, was damit ist. Professor Winteler reist heute ab, Bessos ziehen morgen nach Triest – ich habe zwar nicht seine Bildung, doch seinen sonstigen Wert weit überschätzt. Er ist ein Tierlein ohne Mark und Bein.

Sei innigst geküßt von Deinem

Albert.

Freundlichen Gruß an Frl. Engelbrecht!

❧

29 *Albert an Mileva*

Zürich [Mailand,] Dienstag. [30. April 1901][1]

Mein herzliebstes Kinderl!

Ich lasse nicht nach! Du mußt unbedingt zu mir nach Como kommen,[2] süßes Hexchen. Du verlierst ja gar wenig Zeit dabei und machst mir ein himmlisches Vergnügen. In 3 Tagen sind wir wieder zurück und können es so einrichten, daß auch der Sonntag noch dabei ist. Du wirst sehen, wie frisch und lustig ich geworden bin und wie ich alle Stirnrunzlerei vergessen habe. Und so gern hab ich Dich wieder! Ich war nur aus Nervosität immer so wüst mit Dir. Du wirst mich kaum wieder erkennen, so frisch und lustig bin ich geworden und sehne mich sehr danach, mein liebes gutes Doxerl wiederzusehen. Sorge

Dich nur ja nicht ab wegen der Stelle in Agram,[3] wenn sie Dir dort was drein pfuschen. Bist mir 1000 mal mehr, als Du allen Agrämern sein könntest! Wer ist Dir denn dort im Wege, erzähl mirs ein bischen! Wenn Du sie nicht kriegst, jene Stelle, ich aber wirklich in Bern angestellt werde, so ernenne ich Dich hiermit zu meinem lieben Naturforscherlein. Brauchst nicht nach Krähwinkel, liebes Mädchen, ich weiß mein »altes Paar Stiefel«, wie Du immer gesagt hast, schon besser zu schätzen, als Du meinst. Brauchst auch keine Deiner Freundinnen zu beneiden, denn solange Lust und Kraft in mir ist, werd ich mich in Deinem Besitz glücklich fühlen, und wirst Du mir ein kleines Heiligtum sein. Und mein Glück ist Dein Glück. Wenn Du wüßtest, was Du mir bist, thätest keine von Deinen Freundinnen beneiden; denn in meiner Bescheidenheit glaub ich, Du hast mehr als sie alle. Jedenfalls aber komm zu mir nach Como und bring meinen blauen Schlafrock mit, in den wir uns beide drein wickeln können & vergiß auch Dein Opernglas ja nicht. Daneben bring ein lustiges leichtes Seelchen mit und einen frischen Kopf. So eine herrliche Partie hast Du noch nicht gemacht, dies versprech ich Dir jetzt schon und wenns auch Katzen hagelt. Sobald ich von Winterthur definitiven Bericht habe,[4] schreibe ich Dir sofort, damit Du den Tag und die Stunde bestimmst, wann ich Dich erwarten darf.

Ich studiere gegenwärtig wieder Boltzmanns Gastheorie.[5] Alles ist sehr schön, aber [es wird] zu wenig Wert gelegt auf den Vergleich mit der Wirklichkeit. Ich glaube aber, daß im O.E. Mayer genug empirisches Material für unsere Untersuchung enthalten ist.[6] Wenn Du einmal in die Bibliothek gehst, kannst Du ja einmal nachsehen. Doch ist noch Zeit dazu, wenn ich wieder in die Schweiz komme. Überhaupt glaube ich, daß das Buch wert ist, genauer studiert zu werden.

Neulich kam mir die Idee, daß bei der Entstehung des Lichts vielleicht eine direkte Verwandlung von Bewegungsenergie in Licht stattfinde wegen des Parallelismus Lebendige Kraft der Moleküle – absolute Temperatur – Spektrum (Strahlende Raumenergie im Gleichgewichtszustand).[7] Wer weiß, wann durch diese harten Berge ein Tunnel gebaut werden wird! Sehr neugierig bin ich, ob sich unsere konservativen Molekularkräfte auch für Gase bewähren werden. Wenn mir nicht auch hier der mathematisch so unklare Begriff der Größe des Moleküls in der Bildung der Bahnen sich nahe kommender Moleküle bemerkbar wird, sondern das Molekül sich als Kraftzentrum auffassen läßt.[8] Wir werden eine recht scharfe Probe unserer Anschauung bekommen.

Sei herzlichst gebusselt von Deinem

Johonzel.

30 *Mileva an Albert* [Zürich, 2. Mai 1901][1]

Mein lieber Johannzel!

Ich habe Dir gestern die Zusage zur Reise geschickt, und habe mich sehr darauf gefreut, doch sei mir nicht böse, wenn ich sie heute wieder zurücknehme. Ich habe heute einen Brief von zu Hause bekommen, der mir alle Lust nimmt nicht nur zu einem Vergnügen, sondern auch zum Leben. Doch lasse Du Dich nicht stören dadurch, sondern mache, da Du Dich schon so lange darauf gefreut hast, die Tour allein, wir machen dann vielleicht später was zusamen. Ich werde mich einsperen und streben, weil ich doch sonst nichts ungestraft haben kann; aber ich brauche auch nichts; ich werde mich schon daran gewöhnen, wie der Zigeuner sein Pferd. S'ist ja gleich. Nun leb wohl, Schatzerle, sei recht lustig, und wenn Du schöne Blumen findest, bringe mir auch ein Par. – Sei gegrüsst und geküsst von Deinem

Dockerl.

ૐ

31 Mileva an Albert   [Zürich, 3. Mai 1901][1]

Mein lieber Johannzel!

Heute bekam ich Dein l. Brieferl,[2] aus dem ich mit Verwunderung ersah, daß Du mein Zusagebriefchen nicht bekommen hast. Sollte es wirklich verlorengegangen oder sonst was damit ergangen sein? Aber hoffentlich hast Du es unterdessen doch bekommen. Gestern schrieb ich Dir auch ein Kärtchen[3] in schlechtester Laune, wegen einem Brief, den ich bekam. Aber wo ich Dein Brieferl heute las, wurde ich ein bischen lustiger, da ich sehe, wie lieb Du mich hast, und denke, wir machen das Reiserl doch. Ich komme also am Sonntag Morgen um 5 Uhr nach Como, weil ich nicht einen ganzen Tag mit der Route, die ich schon kenne, verlieren darf (gellst, da schaugst, was für ein braves Schatzerle Du hast). Und Du bist entweder schon am Bahnhof, was schwerlich gehen wird, oder ich erwarte Dich mit dem ersten Zug, der von Mailand kommt. Dann wollen wir einen Teil des Sees zu Fuss ablaufen und botanisieren und schwatzen und uns mit einander freuen. – Aber Schatzerle, ich sollte doch wissen, ob ich denselben Weg wieder heimfahre, dass ich ein Retourbillet nehmen könnte, es ist ja schade um's Geld. Warum hast Du nicht noch einmal nach Winterthur geschrieben und angefragt? Vielleicht wird es auch als selbstverständlich betrachtet; Du bist ja angefragt worden und hast zugesagt. Oder, wollte man Dir noch einmal schreiben?

Und so gerne hast Du Dein Doxerl, und so Sehnsucht

hast nach ihr! Wie freut sie sich immer mit Deinen Briefchen, die voller heisser Liebe sind, und die ihr zeigen,
dass Du wieder ihr lieber Schatz bist, von früher her, und
Gotterl! was hat sie Dir für schöne Putzerline aufbe-
wahrt!

Wie freue ich mich auf den Sonntag! jetzt sind nur
noch 2 Tage bis dahin, also verschlafe Dich nicht. Es
erwartet Dich mit Tausend Freuden Dein geplagtes
Toxerline.

❦

32 *Albert an Mileva*
Winterthur, Donnerstag Abend. [9. Mai 1901][1]

Liebes Miezchen!

Dir soll mein erster Gruß von hier aus gehören, Liebe.
Jetzt laß dir zuerst erzählen, was ich seit unserer Trennung erlebte. Erst ging ich ins Hotel Limmathof, wo es
keinen Platz für mich gab, nachdem man mich in meinem dubiosen Aufzug von Kopf bis Fuß gemustert hatte.
Dann ging ich ins Hotel Central, wo man mir mit knap-
per Not gegen Vorausbezahlung von 2,50 fr. Unter-
schlupf gewährte.[2] Frau Hägi empfing mich heut früh
sehr freundlich und half mir mein Köfferchen einpacken
und wollte mir mit aller Gewalt etwas zum Essen aufdrän-
gen. Sie ist doch besser, als wir dachten. Der alte Stern
freute sich sehr über meinen Ruf hierher, & Mayers
Sohn,[3] der das Bergfach studiert hat, befindet sich in
Ostsibirien an einem Ort, wo in einer bestimmten Tiefe
der Boden das ganze Jahr gefroren bleibt, & im Winter
zuweilen bis 50° unter Null herrschen. – Mit einem der
Jünglinge in der Bahnhofstraße aß ich darauf im Orsini
zu Mittag & segelte um 3 Uhr nach Winterthur ab. Vor
dem Bahnhof traf ich gleich Rebstein, welcher mir für 10
Uhr morgen im Technikum ein Rendez-vous bestimmte,

134

damit ich ein bischen sehe, wie ich zu unterrichten habe. Ich freue mich sehr auf meine Thätigkeit. Rebstein sagte mir, daß er selbst an mich dachte und daß mich Amberg[4] und Ehrat ihm empfohlen haben; es gibt doch auch wohlwollende Menschen. Dann ging ich zum jungen Wohlwend ins Bureau,[5] der sich ganz unbändig mit mir freute. Nun habe ich ein Zimmer bei seiner Hausfrau[6] gemietet (Äußere Schaffhauserstr. 38) und werde in seiner Pension essen. Du machst Dir kaum eine Idee, wie entzückend und sauber mein Zimmer ist! Ein großes Zimmer mit einem Doppelfenster, einer Veranda mit Glasthüre und freundlichster Aussicht, Parquetboden, einem Divan von unsagbarer Bequemlichkeit und schönen Teppichen, ein paar ganz netten Bildchen – kurz ein wahres Ideal. Dazu alles blitzblank und sauber. Wenn Dus nur sehen könntest. Das Haus selbst ist eine hübsche Villa außerhalb des Städtchens, das jetzt in der schönsten Jahreszeit den Eindruck eines Blütengartens macht.

Hast Du nun Deine lieben Füßerline wieder ausgeruht und bist wieder ganz frisch von Körper und Laune? Wenn ich Dir nur von meinem Glück eingeben könnte, damit Du nie traurig und nachdenklich sein könntest. Ob ich Sonntag komme, weiß ich noch nicht, es ist eben der einzige Tag, an dem ich Großmann zuhaus antreffen kann.[7] Vielleicht aber komme ich früh vormittags zu Dir, esse mit Dir zu Mittag und gehe dann erst Nachmittags nach Thalweil. Ich muß es erst noch ein wenig überlaxen.

Jetzt muß ich Wohlwend abholen. Sei herzlich gegrüßt und geküßt von Deinem

Albert.

33 Albert an Mileva
Liebes Doxerl!

Gell da schaust, auf was für ein komisches Papierl ich Dir da schreibe?[2] Aber ich denk halt, meinem Doxerl ist es doch recht, wenn ich auch kein anders hab. Sei fein nicht bös, daß ich Dir so lange nicht schreibe, ich hab halt wenig Dir zu sagen, was Du noch nicht weißt. Da helf ich mir halt mit dem aus, was immer schön bleibt und nett. Ich hab Dich gern, meine liebe Maid, und freu mich, bis wir uns Sonntag wiedersehen. Wir wollen wieder einen entzückenden gemütlichen Tag zusammen verleben. Auch mein Leben hier hat erst durch den Gedanken an Dich einen wahren Inhalt. Wenn nur die Gedanken ein bisserl Leben und Fleisch und Blut hätten! Wie schön war es letztes Mal, als ich Dein liebes Persönchen an mich drücken durfte, wie die Natur es gegeben, sei mir innigst dafür geküßt, Du liebe gute Seele!

Wie gehts Dir denn Schätzchen mit Deinen Arbeiten? Läuft alles munter voran? Benimmt sich der alte Weber auch ordentlich dabei, oder hat er wieder »kritische Sätze«.[3] Der hiesige Prof. Weber[4] ist sehr nett mit mir und interessiert sich für meine Arbeiten. Ich hab ihm unsere Abhandlung gegeben.[5] Wenn wir nur bald das Glück hätten, zusammen auf dieser schönen Bahn weiter zu streben! Aber das Schicksal scheint uns beiden ein bischen gram zu sein. Dafür wirds später umso schöner, wenn alle Hemmnisse und Sorgen einst überwunden sind.

Meine Eltern scheinen wieder einmal auf dem Hund zu sein, denn sie baten mich, Maja 50 fr. zu schicken. Am 8. August ist ihre silberne Hochzeit. Wie traurig wird mirs bei diesem kleinen Fest zu Mute sein! Papa erinnert Michele noch einmal, er solle an mich schreiben, bis jetzt vergebens!

Doch macht alles nichts. Ich hab ja Dich und Deine Liebe!

Sei tausendmal geküßt und einmal extra süß von Deinem

Albert.

34 *Mileva an Albert*

[Zürich, zweite Hälfte Mai? 1901][1]

Liebstes Schatzerl!

Jetzt habe ich auch schon Dein zweites Brieferl erhalten und bin so glücklich, über alle Massen. Wie lieb Du bist, oh wie werde ich Dich busseln, ich kann das Ende der Woche gar nicht erwarten, bis Du kommst. Ich glaube, ich bete zum Peterli, dass er dem Herrn Besso einen glücklichen Gedanken einblast. – Solltest Du am Samstag kommen, wirst Du vielleicht bei uns schlafen können, da Eine am Freitag verreist, ich werde Frl. Eng[e]l[brecht] bitten, sie thut es mir schon, wenn es geht. Bis dahin will ich nun recht fleissig sein, um mich dann ganz frei mit Dir freuen zu können – Gotterl wie wird da die Welt schön aussehen, bis ich Dein Weiberl bin. Du wirst sehen, es wird kein glücklicheres Weibchen geben auf der ganzen Welt, und dann muss das Manderl auch so sein.

Leb wohl mein süsses Schatzerl und komm recht lustig ende Woche zu Deinem

Weiberl.

35 *Albert an Mileva*
Winterthur, Donnerstag [zweite Hälfte Mai? 1901][1]
Mein liebes Doxerl!

Ich will nicht zu Bett gehen, ohne Dein liebes Brieferl
beantwortet zu haben, das ich heute auf d[em] Tisch
liegen sah, wie ich von der Schule heimkam – e[in] allerliebstes Brieferl. Ich freu mich schon wieder sehr auf den
Sonntag zu meinem lieben Doxerl. Sei m[ir] nur vergnügt, liebes Doxerl, und mach Dir kein[e] Sorgen – Du
bist ja doch mein liebes, gutes Schät[zchen,] was auch
kommen mag.

Meine Theorie der Thermoelektrizität befr[ie]digt
mich nicht recht. Ich werde sie vorläufig n[icht] veröffentlichen. Vielleicht schreibe ich dem Drude privatim
einen Brief, um ihn auf seine Ir[r]tümer aufmerksam zu
machen.[2] Heute Abend saß ich 2 Stunden am Fenster
und dachte darüber nach, wie man das Wirkungsgesetz
der Molekularkräfte bestimmen könne. Ich kam auf eine
sehr gute Idee. Am Sonntag werd ich Dirs erzählen.

Von meiner Schwester hab ich noch keine Idee von
einer Antwort erhalten. Sie ist jetzt so recht in den Mäd-
chenflegeljahren. Wenn sie nur wieder glücklich draus
heraus kommt. Michele hat mir auch noch nicht geschrieben. Ich glaube, ich will mich an dessen Vater wenden, ob
er mir keine Stelle verschaffen kann an der Versicherung. Das ist eine dumme Sache um die Hungerleiderei.
[A]ber dafür ist er sonst ein Prachtskerl, Dein Schatz,
wenn [a]uch ein bisserl Pechvogel.

Das Schreiben ist dumm. Am Sonntag küss' ich Dich
mündlich. Sei gegrüßt und verdrückt von Deinem
Albert.
Auf frohes Wiedersehen! Liebe!

36 *Albert an Mileva*

Winterthur, Dienstag. [28.? Mai 1901][1]

Mein liebes Miezchen!

Eben las ich eine wunderschöne Abhandlung von Lenard über die Erzeugung von Kathodenstrahlen durch ultraviolettes Licht.[2] Im Eindruck dieses schönen Stücks bin ich von solchem Glück erfüllt und solcher Lust, daß Du auch unbedingt etwas davon haben mußt. Sei nur guten Mutes, Liebe, und mach Dir keine Grillen. Ich verlasse Dich ja nicht und werde schon alles zum guten Ende bringen. Man muß halt eben nur Geduld haben! Wirst schon sehen, daß man nicht schlecht ruht in meinen Armen, wenns auch ein bisserl dumm anfängt. Wie gehts Dir denn, Liebe? Was macht der Junge?[3] Meinst, wie schön es sein wird, wenn wir wieder ganz ungestört zusammen schaffen können und uns niemand mehr was dreinreden darf! Da wirst Du schon die jetzigen Sorgen glänzend ersetzt kriegen durch viele Lust, und ruhig werden die Tage dahingehen, ungerufen und ungejagt.

Gestern war ich den ganzen Tag allein, da Wohlwend in Lenzburg war,[4] und studierte in Wiedemanns Annalen, nachdem ich am Vormittag einen sehr schönen Waldbummel gemacht hatte. Ich fand da eine zahlenmäßige Bestätigung, welche ein Holländer für die Grundprinzipien der Elektronentheorie fand,[5] welche mich in wahres Entzücken versetzte und mich vollkommen von der Elektronentheorie überzeugt.

Wohlwend war auch bei Wintelers, sprach aber natürlich nichts von mir dort, nur etwas weniges mit meiner Schwester, der ich jetzt dann schreiben werde. Die Entfernung scheint ihren Groll gegen mich sehr gemildert zu haben. Ich werde sie für einen Sonntag hierher einladen.

Wie gehts denn unserm Söhnchen und Deiner Doktorarbeit? Wenn ich nicht irre, hat Weber auch einmal theoretisch über die Bewegung der Wärme in Metallzylindern gearbeitet.[6] Sieh doch einmal nach, ob Du auf Grund davon nicht doch die Tafeln irgendwie gebrauchen kannst, wenn auch nur scheinbar. Ich glaube, er ist im Heine zitiert.[7]

Am Technikum hier ist leider keiner, der in der modernen Physik auf der Höhe ist, & ich habe schon alle ohne Erfolg angezapft. Ob ich wohl auch so denkfaul würde, wenn es mir einmal gut ginge? Ich glaube nicht, doch scheint die Gefahr wirklich groß zu sein. Ich erfuhr leider heute, daß auch in der Schweiz unter Mathematikern eine ziemliche Konkurrenz herrscht. In Deutschland sei es noch viel schlimmer. Ich habe schon daran gedacht, ob mir nicht der alte Besso eine Stelle an einer Versicherung verschaffen möchte. Er ist ja Generaldirektor einer Gesellschaft.[8] Laß Dir nur keine Grillen in den Sinn kommen, ich werde alles thun, was ich vermag, um für Dich einzustehen, Liebe.

Sei also guten Mutes und schreib bald ein liebes Briefchen Deinem

Johonzel.

37 *Albert an Mileva*

Dienstag. [Winterthur, 4.? Juni 1901][1]
Liebes Doxerl!

Was meinst, was vor mir auf dem Tisch liegt? Ein langer Brief an Drude mit zwei Einwänden gegen seine Elektronentheorie. Er wird mir wohl kaum was vernünftiges einzuwenden haben, da die Sachen sehr einfach liegen. Ich bin furchtbar neugierig, ob und was er antwortet. Natürlich hab ich ihm auch zu verstehen gegeben, daß ich stellenlos bin, das versteht sich. Ich hab Dir ja schon erzählt, um was es sich handelt. Von meiner Schwester hatte ich eine Karte. Sie besucht mich nicht. Denk Dir einmal, Wintelers haben bei Wohlwends über mich geschimpft & gesagt, daß ich in Zürich ein lüderliches Leben geführt hätte ... – Es geht halt nichts über das »ewig Weibliche«. Auch Byland habe sich nicht ganz sauber benommen.[2] Auf ihn paßt schon viel eher das Wort, das ein guter deutscher Feldwebel in der Instruktionsstunde über Napoleon I. losließ. Er war ein sēēlenjūter Mensch ... aber dumm, dumm, arg dumm.

Wie gehts denn Dir liebes Schätzchen? Laß bald was von Dir hören! Weißt Du noch, wie ungeschickt ich war das letzte Mal? Davon hab ich dem guten Drude aber nichts geschrieben, glaubst Dus? Wie gehts Dir denn immer mit dem Studium[3] und mit dem Kinderl und mit der Laune? Hoffentlich gehts allen dreien gut, wie sichs gehört. Sei mir besonders gebusselt, damit es an der letzteren nie fehle. Was die Gegenwart zu wünschen übrig läßt, wird schon die Zukunft bringen, aber gründlich. Wenn mir der Michele nicht bald schreibt, dann schreib ich noch einmal an ihn, damit er um eine Stelle für mich fragt beim gestrengen Herrn Papa. Wenns einem eben nicht glänzend geht, dann lassen einen die guten Freunde gern sitzen. So ist halt der Welt Lauf.

Dein Jackerl ist wirklich bei mir. Das nächste Mal werd ichs mitbringen.

Gestern hab ich wieder bei dem älteren Fräulein musiziert.[4] Es war ganz prachtvoll. Wenn Du da nur auch dabei sein könntest! Du solltest so notwendig ein bisserl angenehme Abwechslung haben. Heut Abend hab ich noch eine Privatstunde in Algebra zu geben.

Ich freu mich schon sehr auf nächsten Sonntag. Wenn wir nur auch einmal ohne Sorge und lustig beisammen sein könnten, ohne daß irgend ein Druck auf uns lastete. Ich glaub, Du kannst dich ebensowenig als ich in diesen

Zustand hineindenken, Du gute, arme Meid. Sei herzlich geküßt von Deinem

Albert.

⚜

38 Albert an Mileva

[Winterthur,] Sonntag Abend. [7.? Juli 1901][1]
Mein liebes Doxerl!

Eben komme ich von Lenzburg heim[2] & finde diesen Brief von Drude, der für die Erbärmlichkeit seines Schreibers ein so untrüglicher Beweis ist, daß ich keine Erklärung hinzuzufügen brauche. Ich werde mich von nun an an keinen solchen Kerl mehr wenden, sondern ihn rücksichtslos in Zeitschriften angreifen, wie ers verdient.[3] Es ist kein Wunder, wenn man nach und nach Menschenverächter wird.

Nun aber freue Dich über den unwiderruflichen Entschluß, welchen ich gefaßt habe! Ich habe über unsre Zukunft folgendes beschlossen: Ich suche mir eine, wenn auch noch so ärmliche Stelle *sofort*. Meine wissenschaftlichen Ziele und meine persönliche Eitelkeit werden mich nicht davon abhalten, die untergeordnetste Rolle zu übernehmen. Sobald ich eine solche erhalten habe, verheirate ich mich mit Dir und nehme Dich zu mir, ohne irgend jemand eher ein Wort davon zu schreiben, als bis alles erledigt ist. Dann aber kann niemand einen Stein auf Dein liebes Haupt werfen, sondern weh dem, der sich was gegen Dich erlauben wollte. Wenn Deine und meine Eltern dann vor der vollendeten Thatsache stehen, werden sie sich eben damit aussöhnen müssen, wie sie können. Du aber wirst als mein Weibchen ruhig Dein Köpfchen mir in den Schoß legen können und kein bischen Lieb und Treue zu bereuen haben, die Du mir zugewendet hast.

Trotzdem unsre Lage sehr schwierig ist, bin ich wieder recht zuversichtlich, seitdem ich diesen Entschluß gefaßt habe. Gleich morgen schreibe ich an den alten Besso[4] und gehe zum Direktor der hiesigen Versicherung,[5] der mir weitere Ratschläge erteilen kann.

Es küßt Dich herzlich Dein

Albert.

❧

39 *Mileva an Albert*   [Zürich, ca. 8. Juli 1901][1]

Du willst Dir also gleich eine Stelle suchen, Schatzerl, und mich zu Dir nehmen! Wie glücklich bin ich gewesen, wo ich Dein Brieferl las, und wie bin ich's jetzt noch und werde es immer auch sein. Und wenn ich nicht auch Dich anstecke, Schatz, so gebe ich meinen Kopf darauf. Aber natürlich, Lieber, es darf sich doch nicht um eine schlechteste Stelle handeln, das wäre mir zu arg, das könnte ich nicht. Da werden unsere diversen Alten gucken. Übrigens hat mir meine Schwester[2] geschrieben, ich soll Dich doch in den Ferien zu uns einladen, wahrscheinlich sind meine Alten jetzt besserer Laune. Möchtest Du nicht ein bisschen mitgehen, ich würde mich freuen! Und denk Dir die schöne Reise, die wir da zusammen machen thäten! Wir täten hie und da aussteigen und ein bisschen zu Fuss gehen oder einen kleinen Aufenthalt machen. Und dann bei uns, da wäre Dir alles neu. Und wenn uns meine Eltern beide leibhaftig vor sich sehen, schwinden alle ihre Skrupel.

Hast Du es schön gehabt in Lenzburg? Am sonntag Abend war so ein schreckliches Gewitter, ich habe immer Angst gehabt, Du könntest noch unterwegs sein. Hoffentlich warst aber schon unter Dach, Schatzerl. Ich habe Dir ja wollen noch Kirschen geben, aber Du hast sie doch nicht können nach L[enzburg] tragen. Jetzt warten sie auf Dich schön eingespert. – Ich bin sehr fleissig, jetzt muss ich noch tüchtig Weber studiern und dazwischen freue ich mich immer auf den Sonntag, bis ich Dich wieder sehen und busseln kann ganz wahrhaftig, nicht nur in Gedanken, und fast so wie es mir aus'm Herzen kommt und überall überall. –

Was treibst Du, Schatzerl? Ist bei Euch auch so schändliches Wetter.

[Brief unvollständig]

ಟ

40 *Albert an Mileva*

[Mettmenstetten,] Montag [22.? Juli 1901][1]
Mein liebes Schätzchen!

Dank Dir herzlich für Dein liebes Kärtchen. Aber mit dem Herrn Adjunkt ist es nichts. Ich habe den Haller[2] telefonisch angefragt & einen abschlägigen Bescheid erhalten. Ich dachte mirs gleich, da ja die Stelle eine administrative ist.[3]

Ich komme jetzt etwas besser aus mit meiner Mutter. Aber es schwant ihr was. Sie meint nämlich, ich heirate Dich, sobald ich eine Stelle habe. Meine Schwester sagte ihr nämlich, daß jenes Kärtchen von Dir sei.

Jetzt wünsch ich Dir von Herzen alles Glück und Segen zu dem Examen & daß es Dir schnell vorbeigehen möge, l. Schätzchen. Ich meine, wir machen dann gleich ein Partiechen als Pflästerchen drauf, aber nur über den Klausen,[4] weil wir ein bischen sparen müssen & der Preisunterschied sehr bedeutend ist.[5] Meinst nicht auch? Ich arbeite immer an meiner Theorie der Flüssigkeitsoberfläche herum, aber ganz ohne Erfolg. Alle meine bisherigen Bestrebungen seit der Abhandlung[6] haben ihre Mängel. Das, was ich Dir vorgetragen habe, ist ganz falsch. Ich werde Dirs später einmal beweisen.

144

Hier im Paradies ist es wunderbar. An der vordern Veranda hat man einen allbeherrschenden Blick, der immer & immer neue Reize bietet.

Leider werden uns hier wieder alle möglichen Leute (z.B. von Genua[7]) besuchen, was mir ein wahrer Greuel ist. Wenn ich nur bald eine Stelle hätte & wir beisammen vegetieren könnten. Das ist mein innigster Wunsch.

Jetzt ist aber meine Mutter da zum Kaffee trinken.

Sei also herzlich geküßt von Deinem

Albert.

෨

41 *Mileva an Albert*

[Zürich,] Mittwoch [31.? Juli 1901][1]

Mein liebstes Schatzerle!

Eben bekam ich Dein liebes Briefchen, das mir zeigt, dass auch Du nicht gerade lustig bist. Wir sind ein schönes Pärchen, und die hiesigen beneiden uns noch die ganze Zeit, das ist noch das allerhöchste. Hattest Du denn eine offene Auseinandersetzung mit Deiner Mamma? Du mein lieber Schatz, was musst Du alles für mich ertragen! Und für das alles habe ich Dir nur das bisschen Liebe zu geben, was in einem Menschenherzchen wohnt. Aber weisst, es ist doch nicht so arg wenig, und wenn es menschenmöglich ist, so wirst Du dadurch doch für manches entschädigt. Und dass sich Deine Mutter nie mit Dir aussehnen wird, daran glaube ich einmal nicht. Es müsste denn ihr Verhältnis zu Dir nur Ehrgeiz und Eigenliebe ausmachen und ganz ohne Liebe sein, und solche Mütter gibt es ja gar nicht. Und dann musst Du auch immer denken, dass ich ihnen nur als falsche Vorstellung bekannt bin und dass es noch immer in meiner Hand steht, Ihnen auch in einem für sie angenehmeren Lichte entgegenzutreten. Ich glaube, dass es zur Aussehnung viel Zeit und guten Willen brauchen wird, aber ich halte sie für sicher. Weisst, ich habe mir sogar einige Metoden ausgedacht, wie wir's anfangen. Z.B. Wenn es mir gelingt, mich bei irgend einen Bekannten von ihnen einzuschmeicheln, auf den sie ein bisschen heraufschauen, dann sind sie schon grösstenteils besiegt (ich behaupte nämlich). Und noch andere Sächelchen habe ich mir schon ausgedacht.

Schreibe Doch bald an meinen Alten, Schatzerl, da ich am Samstag schon reisen möchte, und sie sollten schon ein Brieferl haben, bevor ich heimkomme. Schicktst Du mir das Brieferl, damit ich auch sehe, was Du schreibst? – Ich reise mit meiner Freundin Frl. Buček.[2] Die ahnt auch nicht, mit was für einen Gemisch von gefühlen ich diese Reise betrete. Schreibe meinem Papa nur kurz, ich werde ihm dann die nötigen Notizen, und auch die unangenehmen, allmählig beibringen.

Aber wenn Du meinst, dass sich Michele so zur Sache verhält, dann wäre es vielleicht besser, du sagtest ihm gar nichts. Sie sind halt schon alle über das Stadium der reinen Menschlichen Empfindung hinaus, versunken in die Alltäglichkeit des Lebens. Du siehst ja, wie Deine Schwester, trotz manchmaliger Schwankung, doch anders sich zu solchen Sachen verhält. Es freut mich wirklich, dass sie sich nicht auch so wie die Andern auf die Hinterbeine gegen mich stellt, sondern im Gegenteil.

Das Geld schicke ich gleich nach Mailand, soll ich Dir auch das Andere schicken? Oder wenn wir uns treffen wollen, noch einmal, dann bringe ich's Dir. Es fährt ein Zug um 7U56min Uhr Morgens, an Mettmenstätten vorbei, gegen Zug,[3] hat dort eine viertelstunde Aufenthalt und geht dann wieder zurück. Wolltest Du diese Reise mit mir unternehmen, Schatzerl? Oh wenn ich Dich nur noch einmal haben könnte so recht nach Herzenslust, du mein liebes süßes Schatzerl! Wenn Du nur wüsstest, wie ich Dich so lieb habe, Du bist mir mein kleines

146

Alles. – Nun lebe mir wohl und lasse Dich nicht zu arg herunterkriegen, mein Lieber. Denke ein bisserl an Deine Kloane, und sei gebusselt und geherzt von Deinem

D[oxerl]

Hat Dich Prof. Winteler in Frauenfeld schon empfolen?[4] Wäre es nicht am Platze, dass Du Dich den Massgebenden dort vorstellst? Das ist nämlich bei uns Brauch, ich weiss nicht, wie es hier ist.

42 *Mileva an Albert*

[Stein am Rhein, Anfang November 1901][1]

Liebes Schatzerl!

Ich schreibe Dir jetzt nur ein Par Wörterl, weil ich böse bin auf das böse Schicksal, dass ich morgen allein sitzen muss![2] Wie freue ich mich, dass Kleiner nett war zu Dir![3] Und in welchen Ferien könntest Du vielleicht die Untersuchung machen? Wenn Du nur wüsstest, wie ich mich freue, mit Deinem letzten Brieferl bin ich ganz deprimmiert worden.

Aber gellst, Schatzerl, sage Deiner Schwester nicht, dass ich *hier* bin. Ich weiss, dass sie absichtlich nichts böses thun wird, aber ich fürchte mich so arg, es könnte wieder was geben, wie es immer war. Das kannst Du mir schon thun Schatzerl, gellst, bitte aber in allem Ernst! Versprich mir's. Sonst sage ihr einen recht herzlichen Gruss von mir, und sage, dass ich mich mit Ihren lieben Worten, die Du mir zeigtest, sehr gefreut habe, gellst. Nur meine Adresse sage ihr nicht, Schatzerl, denn ich fürchte mich arg.

Sind die Blumen noch frisch? hast sie auch in's Wasser gestellt? Schreibe nur Deinen Eltern nichts von mir. Nur keinen weitern Stürmer,[4] mir graust es, wenn ich nur daran denke. Die jetzige Ruhe ist doch so nett und wohltätig.

147

Jetzt schreib ich Dir aber nimmer, weil ich bös bin von wegen Morgen. Also gellst, Schatzerl, halt ('s Maul) reinen Mund über mein Aufenthaltsortel, sag, ich sei in Deutschland.

Hast Du mir nette Büchel geschickt! Der Besuch im Karzer ist grandios.[5] Da hab ich gelacht! Auch das von Forel habe ich gelesen.[6] Bis ich fertig werde, schreib ich Dir darüber. Hast Du das von Plank schon gelesen?[7] Es sche[i]nt interessant zu sein.

Jetzt sei aber fürchterlich gebusselt und umarmt von Deiner

Dock

~

43 *Mileva an Albert*

[Stein am Rhein] Mittwoch. [13. November 1901][1]
Mein liebes, böses Schatzerl!

Jetzt kommst Du wieder morgen nicht! Und sagst nicht einmal: ich komme dafür Sonntag. Aber gellst, dann überraschst Du mich sicher. Weisst, wenn Du gar nicht kommst, dann brenn ich Dir auf einmal durch! Wenn Du nur wüsstest, wie ich arg Heimweh habe, dann thätst schon kommen.

Aber hast Du wirklich kein Gelderl mehr? Schöne Sache! verdient der Mann 150 fr., hat Kost und Wohnung[2] und hat am Ende des Monats keinen Centim! Was thät da so irgend jemand sagen. Aber gelst, für den Sonntag wird das nimmer als Ausrede gelten, wenn Du bis dahin kein Gelderl bekommst, dann schicke ich Dir welches.

Ist Dein Vetter noch bei Dir? Hat er sein Billet gefunden? Ist er extra hergekommen, um Dich zu besuchen, man fährt doch sonst nicht über Schaffhausen, und hat so Malheur!

Weisst, gestern war in Schaffhausen Jahrmarkt,[3] ich

habe es aber leider erst spät erfahren, sonst wäre ich hingekommen und hätte Dir was schönes gekauft und mir Deinen Turm, und, wenn möglich, mein liebes Schatzerl angeschaut.[4] Wenn Du nur wüsstest, wie gern ich's wieder sehen möchte! Den ganzen Tag denk ich an es, und am Abend erst recht; und dann sagt es mir allerhand liebe Sachen und dann denk ich erst recht an es.

Ich bin sehr neugierig, was Kleiner sagen wird, zu den beiden Arbeiten.[5] Er soll sich nur recht zusammennehmen, und was vernünftiges sagen. Wie tät ich mich freuen, wenn Du die andere auch bald machen könntest.

Ich werde an Helene schreiben.[6] Sie hat jetzt sicher schon ihr »sehr Kleines« bekommen.[7] Ich habe ihr jetzt schon so lang nichts geschrieben, weil ich's in jener bösen Zeit gar nicht über's Herz brachte. Einmal schrieb ich ihr einen langen Brief und schüttete ihr all mein Leid aus; doch dann zerriss ich ihn, und jetzt bin ich froh darüber. Ich glaube, wir sagen jetzt noch nichts vom Lieserl; aber Du schreibst ihr auch hie und da ein Par Worte, wir müssen sie recht schön behandeln, sie soll uns doch zu was wichtigem helfen, aber hauptsächlich weil sie so nett und lieb ist, und weil sie sich so damit freuen wird. Gellst Schatzerl. – Ich habe das Buch von Forel ausgelesen. Der Stadler[8] sagte, daß der Hypnotysmus eine unmoralische Sache ist, und wo ich das Buch gelesen hatte, hatte ich ganz dieselbe, anekelnde Empfindung. Die Suggestion spielt ja schon eine grosse Rolle überall, und ich finde auch, dass sie ein Artzt sogar ausüben muss, bis zu einem gewissen Grade. Aber so eine gewaltsame überrumpelung des Menschlichen Bewustseins! Nach meiner Empfindung unterscheidet sich Forel von einem Wunderartzt nur dadurch, dass er seinen Patienten, infolge seines Ausgedehnteren Wissens, mit mehr Selbstbewusstsein, alias Frechheit gegenübersteht. Aber die Menschen sind eben so ein dummes Pack. – Den hypnotischen Schlaf kann ich nicht verstehen, vielleicht kann man's überhaupt nicht, wenn er überhaupt besteht! ich glaube, dass das auch Suggestion ist, oder im besten Fall, Autosuggestion, denn ich halte halt die von ihm angeführten meisten Experimente für verlogen (thut mir sehr leid!) Ich werde Dir schon sagen warum.

Aber jetzt leb wohl, mein Kleiner, Lieber. Denkst Du auch an mich manchmal, aber lieb und nett? Gellst kommst am Sonntag, Schatzerl, ich habe schon so viele Busserl aufgespeichert, wenn's Haferl überfliesst, gehen alle fort. Nun sei mir aber recht herzlich gegrüsst und abgebusselt von Deinem

Doxerl

das Dir vorläufig recht bös ist.

Ich werd Dir was lustiges erzählen, was Dir einmal passiert ist!

44 *Albert an Mileva*

[Schaffhausen,] Donnerstag. [28. November 1901][1]
Lieber Schatz!

Drei Tage sind vergangen, ohne daß ich ein Brieferl bekommen hab, und ebensoviele Nächte. Ich bin aber so fest überzeugt, daß Du mich so lange nicht warten läßt, daß ich bestimmt glaube, es sei der Brief verloren gegangen. Hast Du jetzt meine 2 oder 3 nach Katy geschriebenen und den nach Neusatz geschriebenen endlich erhalten?[2] Ich glaub fast, Eure Briefträger benützen die Briefe zum Einheizen, oder gar ... horribile dictu, aber ich sags nicht. Von jetzt an schreibe ich Dir in jedem Brief, daß ich Dir oft schreiben werde, damit Du nicht in Sorge bist und weißt, daß alles bis auf die fahrlässige Post in Ordnung ist.

Bis auf die Nachrichtenlosigkeit geht mirs aber recht

gut & ich bin fast stets guter Laune. Wenn ich nur gewiß wäre, daß dies Briefchen endlich gewiß in Deine Hände gelangt. Laß doch gelegentlich in Katy nachsehen, ob die Briefe wirklich nicht da sind! Ich kann es kaum glauben.

Im neuen Stübchen ist es sehr behaglich, wenn dasselbe auch nur mich und den lieben roten Lampenschirm zur Zierde hat, von dem Frau Baumer gesagt hat, daß sie so eine fürchterliche Arbeit nicht einmal für ihren Karl machen möcht.[3] Ich aber hab mir gedacht: Da thät mein liebs Schatzerl noch ganz andere Sachen für mich machen, aber ich auch für es. All das hab ich Dir schon geschrieben, aber wer weiß, ob Du's erhalten hast. Ich freue mich unsagbar darüber, daß Deine Eltern jetzt etwas ruhiger sind und mehr Vertrauen zu mir haben. Ich weiß aber auch, daß ichs verdiene und ihr Miezel einmal einen guten Mann kriegt, sobald es irgend angeht. Die Berner Stelle[4] ist immer noch nicht ausgeschrieben worden, sodaß ich wirklich die Hoffnung darauf aufgebe.

Schreib mir genau, wie Du den Tag zubringst, daß ich Dir ein wenig mit der Phantasie folgen kann, gar zu schwer zum sich Vorstellen wirds ja wohl nicht sein. Ich lebe hier, wie wenn ich völlig allein wäre, indem ich mit keinem Menschen privatim verkehre. Beinahe jeden Tag mache ich zur Erfrischung einen kleinen Spaziergang, die übrige freie Zeit verwende ich auf das Studium von Voigts theoretischer Physik,[5] aus welchem Buch ich schon manches gelernt habe. Vorgestern Abend veranstalteten die hiesigen Musiklehrer einen Kammermusikabend,[6] der über meine Erwartungen genußreich war. Von Kleiner habe ich noch keinen Bericht. Ich glaube zwar, daß er meine Dissertation nicht zu refüsieren wagt,[7] aber sonst, glaube ich, ist nichts mit dem kurzsichtigen Menschen anzufangen. Wenn ich unter dessen Kopf herumlaufen müßte, um Universitätsprofessor zu sein – ich möchte nicht tauschen, sondern lieber ein armer Hauslehrer bleiben.

Soll ich Dir ein Buch schicken, liebes Schatzerl, oder hast Du sonst einen erfüllbaren Wunsch? Schreib es mir ungeniert – aber schreib mir recht viel. Ich hab mit jedem Brief eine große Freude. Sie sind mein einziges menschliches Vergnügen, an dem sich mein Gehirn erwärmt. Sie müssen mir Weiberl, Eltern, Freunde und Gesellschaft ersetzen, und sie könnens auch. Schöner wärs freilich, wenn ich Dich bei mir haben könnte wie in der schönen Züricher Studienzeit. Sobald ich Doktor sein werde, werde ich mich ausschreiben, um eine sichere Position zu suchen. Einmal werden wir doch auch äußeres Glück haben. Wenn Du genug zuhaus warst, dann komm nur zu mir, Du bist immer mit offenen Armen empfangen, so gut es eben geht.

Schreib mir recht bald und recht offenherzig und sei herzlichst verbusselt von Deinem

Albert Johonzel.

45 *Albert an Mileva*

Schaffhausen, Donnerstag. [12. Dezember 1901][1]
Mein liebes Schatzerl!

Ich hab Dein liebes Bauchwehbrieferl bekommen, das Du so lieb warst, mir im Bett zu schreiben. Ich mach mir aber auch gar keine Sorgen, denn ich seh schon an Deiner guten Laune, daß das Übel nicht groß ist. Pfleg Dich nur gut und sei munter und freu Dich auf unser liebes Lieserl, das ich mir allerdings ganz im Geheimen (so daß es das Doxerl nicht merkt) lieber als Hanserl vorstelle.

Bei mir gibts wieder Neues in Menge, von jeder Sorte, wie mans mex und wie mans nicht mex. Zunächst ist zu konstatieren, daß mir Kleiner noch nicht geschrieben

hat. Das zweite ist, daß Louis Mutter schrecklich weh-
klagt über unser Auswanderungsprojekt.[2] Sie erklärte,
daß es Ihr auf das Geld nicht ankomme. (Die muß fast
so viel haben wie wir beide, meinst nicht auch?) Auch
solle er ihr nicht noch Kummer & Aufregung verursa-
chen, sie habe wahrlich davon genug (ihr Mann ist nämlich im August plötzlich verrückt geworden). Ich riet
ihm daher, auf den Plan zu verzichten. Zudem war Gefahr vorhanden, ich könnte, wenn ich auf dem Plan ver-
harrt wäre, zwischen zwei Stühle zu sitzen kommen.
Denk, wie gräßlich wir da in der Patsche gewesen wären!
Ich beschloß daher, mirs hier so wohnlich als möglich
einzurichten. Ich ging daher zu N[üesch][3] und sagte
ihm, er solle mir das Geld zum Essen geben, damit ich
eventuell noch eine kleine Ersparnis machen könne. Er
sagte, indem er rot vor Zorn wurde, er werde sichs über-
legen. Dann hielt er Rat mit seiner saubern Frau Ge-
mahlin.[4] Als ich am Abend wieder kam, war er sehr
batzig und sagte mit Autoritätsmiene:»Sie kennen unsere
Bedingungen, es besteht kein Grund, davon abzuwei-
chen. Sie können mit Ihrer Behandlung recht zufrieden
sein.« Da sagte ich:»Gut, wie Sie wollen, für den Augenblick muß ich nachgeben – ich werde schon Existenzbe-
dingungen zu finden wissen, die mir besser passen«.
(Denk wie frech, in meiner Lage!) Er verstand dies und
wurde sofort mürbe. Er merkte, daß es mir weniger auf
eine Ersparnis ankomme als darauf, nicht mehr mit ihm
und seiner saubern Familie[5] speisen zu wollen, ver-
schlang seine Wut und sagte mit möglichst sanfter
Stimme: »Wären Sie zufrieden, wenn ich Ihnen irgendwo das Essen nähme, in einem Gasthaus?« Ich verstand sofort, warum er das wollte – damit man ihm nicht
nachrechnen kann, wie viel er von den für mich ausge-
setzten 4000 fr. stiehlt. Ich bejahte also vergnügt und
empfahl mich mit der Bemerkung, daß er es möglichst

schnell einrichten solle, ich hatte ja meinen Zweck erreicht. Die Leute sind nun schäumend vor Wut gegen mich, aber ich bin jetzt eben so frei wie jeder andere Mensch. Heut hab ich schon dort gegessen, es ist sehr gemütlich dort, ich habe schon ganz nette Gesellschaft in Gestalt zweier junger Apotheker dort gefunden. Es lebe die Unverfrorenheit! Sie ist mein Schutzengel in dieser Welt.

Gestern, als ich just vor dem Abonnementskonzert,[6] bei dem ich mitspielte, zum letzten Abendmahl im Hause N. vergnüglich eintrat, lag im Suppenteller ein Brief von Marcelius,[7] ein sehr lieber Brief, in dem er mir sagt, daß die Stelle in Bern nun in den nächsten Wochen ausgeschrieben werde und daß er bestimmt glaube, daß ich sie kriege. In 2 Monaten wären wir dann plötzlich in glänzenden Verhältnissen und hätten ausgekämpft. Mir schwindelt vor Freude, wenn ich dran denke. Es freut mich noch mehr für Dich als für mich. Wir wären die glücklichsten Menschen auf Erden zusammen, das ist sicher. Wir bleiben Student und Studentin (horribile dictu), solange wir leben, und kümmern uns keinen Dreck um die Welt. Aber wir werden auch nie vergessen, daß wir alles dem guten Marcelius verdanken, der unermüdlich für mich bedacht war. Auch will ich stets begabten Jünglingen helfen, wo es irgend in meiner Macht liegen wird, das mach ich mir zum feierlichen Gelübde. Das einzige, was noch zu lösen übrig wäre, das wär die Frage, wie wir unser Lieserl zu uns nehmen könnten; ich möchte nicht, daß wir es aus der Hand geben müssen. Frag einmal deinen Papa, er ist ein erfahrener Mann[8] und kennt die Welt besser als Dein verstrebter, unpraktischer Johonzel. Es soll doch nicht mit Kuhmilch gestopft werden, es könnt' ja dumm davon werden (die Deine müßte doch viel gehaltvoller sein, mein' ich, was denkst?!).

Ich hab schon wieder eine sehr naheliegende, aber wichtige wissenschaftliche Idee über Molekularkräfte bekommen. Du weißt, daß bei der Mischung neutraler Flüssigkeiten keine merkliche Wärmetönung stattfindet.[9] Aus unserer Theorie der Molekularkräfte folgt daraus, daß zwischen unseren Konstanten $\sum c_a$[10] und den Molekularvolumina der Flüssigkeiten nahezu Proportionalität bestehen müsse.[11] Wenn das wahr wäre, wärs mit der molekularkinetischen Theorie der Flüssigkeiten aus und amen.[12] Ich will einmal sehen, ob ich in den Ferien nicht den Ostwald oder Landolt auftreiben kann.[13] Ich werde entweder hier bleiben (aus Sparsamkeitsrücksichten) oder nach Zürich gehen und arbeiten (da hören alle Nebenrücksichten auf).

Eben sagt mir mein Schüler, daß es doch noch nicht so unmöglich sei mit Bern. Seine Mutter scheint ein bischen erleuchtet worden zu sein. Jetzt ist mirs aber nicht mehr so wichtig, obwohl es ich mich auch jetzt noch sehr freuen würde.

Sei vergnügt, mein liebes, treues Schätzchen, grüße Deine Alten herzlich von mir und sei Du innig ans Herz gedrückt von Deinem

Johonzel.

ई॰

46 Albert an Mileva

Schaffhausen, Dienstag. [17. Dezember 1901][1]
Mein liebes Schatzerl!

Es ist eigentlich ein urkomisches Leben, das ich hier führe, ganz im Sinne Schopenhauers.[2] Außer mit meinem Schüler spreche ich nämlich den ganzen Tag mit niemand. Sogar Herrn Baumers Gesellschaft erscheint mir langweilig und abgeschmackt.[3] Ich finde immer, daß ich allein in der besten Gesellschaft bin, außer wenn ich mit Dir zusammen bin. Du aber fehlst mir sehr; ich finde jeder rechte Kerl muß ein Mädel haben.

Ich möcht' Dich so gern bei mir haben, wenn Du auch eine recht »gspaßige Gstalt« hast, wie Du mir nun schon zweimal geschrieben hast. Mach mir doch einmal eine Zeichnung davon, eine recht schöne! Wenn Du mir ein Kisserl machst, würd es mich sehr freuen. Dann mußt Du aber auch die Seele dazu machen (des Kisserl halber), denn ich habe keine Ahnung, wo die meinigen logieren. Du weißt ja, was für eine schauerliche Schlamperei unter meinen irdischen Gütern herrscht – es ist ein wahres Glück, daß ich nicht viel habe. Mein neues Essen im Wirtshaus[4] behagt mir ganz gut, jedenfalls ist es ein enormer Fortschritt, der es mir gar nicht mehr wünschenswert erscheinen läßt, nach Bern überzusiedeln, ich meine mit meinem Schüler. Die Leute, mit denen ich esse, sind mir aber zu blöde und gewöhnlich. Daher sitze ich beim Essen da wie ein Nußknacker & spiele zwischen den Gängen des Essens mit Messer und Gabel, wobei ich zum Fenster hinaussehe. Die Kerle müssen von mir glauben, daß ich nie im Leben gelacht habe; sie haben mich aber noch nie mit meinem Doxerl gesehen.

Ich arbeite eifrigst an einer Elektrodynamik bewegter Körper, welches eine kapitale Abhandlung zu werden verspricht. Ich habe Dir geschrieben, daß ich an der Richtigkeit der Ideen über die Relativbewegung zweifelte. Meine Bedenken beruhten jedoch lediglich auf einem simplen Rechenfehler. Ich glaube jetzt mehr denn je daran. Da der langweilige Kleiner immer noch nicht geantwortet hat, steige ich ihm Donnerstag auf die Bude. Ich möchte ihn absolut dazu bewegen, daß er mich arbeiten läßt in den Weihnachtsferien. Will sehen, ob ichs durchsetze. Was diese alten Philister einem, der nicht von ihrer Sorte ist, alles in den Weg legen, ist wirklich schauderhaft. So einer betrachtet jeden jungen intelligenten

Kopf instinktiv als eine Gefahr für seine morsche Würde, so scheint es mir nachgerade. Wenn er sich aber untersteht, die Doktorarbeit zu refüsieren, dann werde ichs schwarz auf weiß veröffentlichen sammt der Arbeit, & er wird blamiert sein. Wenn ers aber accepiert, dann wollen wir sehen, wie sich der saubere Herr Drude dazu stellt[5] … eine prächtige Gesellschaft, alle zusammen. Wenn Diogenes heutzutage lebte, würde er mit seiner Laterne einen *anständigen* Menschen umsonst suchen.

Bald wird auch an Dich und Deine Schwester ein kleines Paketl von mir abgehen, aber nichts zum Essen, sondern laute[r] Sach[en] zum Lesen. Mußt aber jetzt nicht meinen, daß viel kommt, es ist wenig, aber von Herzen. Du aber mußt Dich doch damit freuen und denken, »Wenn er mehr hätt, thät er mir mehr schicken, mein Schatz.« Gellst, so mußt denken!

Sag auch einen schönen Gruß an Deine Alte & sag ihr, daß ich mich jetzt schon auf die Prügel freue, durch welche sie mich einst auszeichnen will.

Du aber sei herzlich gebusselt & verdrückt von Deinem
Johonzel.

Das Gelderl schick ich Dir, sobald Du es willst. Es sieht so komisch aus, wenn es von mir kommt. Was meinst Du dazu?

47 *Albert an Mileva*
Schaffhausen, Donnerstag. [19. Dezember 1901][1]
Mein liebes Schatzerl!

Schon wieder gute Nachrichten! Halt, zuerst noch eine herzliche verspätete Gratulation zu Deinem Geburtstagerl von gestern, an das ich schon wieder vergessen hatte. Aber hör einmal & sei vor Freude umarmt und geküßt! Haller hat mir eigenhändig einen freundlichen Brief geschrieben und mich aufgefordert, mich schleunigst um eine neugeschaffene Stelle am Patentamt zu bewerben! Nun ist kein Zweifel mehr. Großmann hat mir schon gratuliert. Ich widme ihm meine Doktorarbeit, um mich ihm irgendwie dankbar zu erweisen. Der hat gezeigt, daß er ein rechter Kerl ist! Und Du wirst bald mein glückliches Weiberl, paß nur auf. Jetzt haben unsere Leiden ein Ende. Nun sehe ich erst, wie lieb ich Dich habe, da der arge Druck der Verhältnisse nicht mehr auf mir lastet! Gewiß wird alles bald entschieden sein. Jetzt darf ich bald mein Doxerl in den Arm schließen und es vor aller Welt mein eigen nennen. Bald bist Du wieder grad so meine »Studentin« als wie in Zürich. Freust' Dich?

Heute war ich den ganzen Nachmittag beim Kleiner in Zürich und hab ihm meine Ideen zur Elektrodynamik bewegter Körper erklärt & auch sonst über alle möglichen physikalischen Fragen mit ihm gesprochen. Er ist doch nicht ganz so dumm, wie ich gemeint habe, und vor allem, er ist ein guter Kerl. Er hat gesagt, ich dürfe mich, wenn ich eine Empfehlung brauche, stets auf ihn berufen. Ist das nicht nett von ihm? In den Ferien muß[3] er verreisen, und die Arbeit hat er noch nicht gelesen. Ich hab ihm gesagt, er solle sich nur Zeit nehmen, mir pressiert es nicht. Er riet mir, meine Ideen über elektromagnetische Lichttheorie bewegter Körper zu veröffentlichen sammt der experimentellen Methode.[4] Er fand, daß die von mir vorgeschlagene experimentelle Methode die denkbar einfachste und zweckmäßigste sei. Ich war sehr erfreut über den Erfolg. Gewiß werde ich in den nächsten Wochen die Abhandlung verfassen. In den Ferien bleibe ich hier, die beiden Weihnachtsfeiertage aber verbringe ich mit meiner Schwester in Paradies, in traulicher Wintereinsamkeit. Wenn Du nur auch dabei sein könntest! Aber unser Paradies kommt bald nach. Ich bin ganz rappelköpfig vor Vergnügen. Ob der Engländer mit nach Bern geht, ist noch nicht sicher — aber unter diesen Umständen ist mirs ziemlich schnuppe. Der alte elende Kerl wird schauen, wenn ich ihms sage! Das ist ein ganz erbärmlicher Schuft. Ich habe haarsträubende Sachen von ihm erfahren.

Sei geherzt und gebusselt von Deinem

Johonzel.

Das Paketl ist schon abgegangen mit Bücherlien.

ૐ

48 Albert an Mileva

[Schaffhausen,] Samstag. [28. Dezember 1901][1]
Mein Herzensschatzerl!

Ich schreib Dir schon wieder, weil ichs nicht aushalten kann, ohne Dir zu schreiben. Was hab ich für ein goldiges Schatzerl & was für ein feins Paketl hat mirs geschickt! Sogar ein großartig feines Dobogl hats drin verborgen & ein allerliebstes Brieferl. Ich bin den ganzen Tag voller Freud. Die Gutserl sind unvergleichlich gut, & bei jedem küß ich Dich in Gedanken, wenn ichs esse. Ich hab schon fast die Hälfte gegessen, trotzdem es erst gestern Mittag angekommen ist. Von einer traurigen Stimmung meinerseits ist gar keine Rede. Ich freue mich die ganze Zeit über die schönen Aussichten, welche uns in der nächsten Zukunft winken. Hab ich Dir auch schon gesagt, was für reiche Leut wir in Bern sein werden? 3500 fr. ist die Minimalbesoldung der Stelle nach Ausschreibung, steigt aber bis 4500. Ehrat meint zwar, man könne mit Frau nicht mit 4000 fr. auskommen. Aber wir werdens dann schon durch die That beweisen, wie famos das geht! Gellst Schatzerl? Wir habens ja in Zürich mit kaum der Hälfte gekonnt & waren sehr vergnügt dabei. Es kommt mir ganz komisch vor, wie die Leut umständlich sind.

Allerdings soll es in Bern teurer sein als in Zürich. Das wird aber nicht so schlimm sein.

Michele gab mir ein Buch über die Theorie des Äthers, geschrieben im Jahr 1885.[2] Das kommt einem vor, wie wenn es aus dem Altertum käme, so veraltet sind die Anschauungen. Da sieht man, wie schnell jetzt das Wissen sich entwickelt. Ich will mich nun dahinter machen, zu studieren, was Lorentz und Drude über die Elektrodynamik bewegter Körper geschrieben haben.[3] Ehrat muß mir die Litteratur verschaffen.[4] Großmann doktoriert über ein Thema, welches mit Fiedlerei[5] und nichteuklidischer Geometrie zusammenhängt.[6] Ich weiß nicht genau, was es ist. Ehrat will bei Gaiser doktorieren,[7] indem er das komische Thema refüsiert, was ihm Minkowski vorgeschlagen hat. Siehst, Dein Johonzel hat zuerst seine Arbeit fertig gehabt,[8] trotzdem er ein geplagtes Tierchen ist. Bis Du mein liebes Weiberl bist, wollen wir recht eifrig zusammen wissenschaftlich arbeiten, daß wir keine alten Philistersleut werden, gellst. Meine Schwester kam mir so philiströs vor. Das darfst Du mir ja nie werden, es wär mir schrecklich. Du mußt immer meine Hex bleiben und mein Gassenbub. Ich hab sehr Sehnsucht nach Dir. Wenn ich Dich nur ein bisserl haben könnt! Alle Menschen außer Dir kommen mir so fremd vor, wie wenn sie durch eine unsichtbare Wand von mir getrennt wären. Du solltest einmal den Ehrat übers Heiraten sprechen hören, das ist zu lustig. Der spricht davon wie von einer bittern Medizin, die halt pflichthalber eingenommen werden muß. Dem seiner Frau wirds gspaßig vorkommen! Gelt, wie die Leut ein und dasselbe Ding verschieden ansehen, das ist sehr lustig.

Sei innigst abgebusselt von Deinem

Johonzel.

49 *Albert an Mileva*

Bern, Dienstag. [4. Februar 1902][1]

Mein geliebtes Schätzchen!

Armes, liebes Schatzerl, was mußt Du alles leiden, daß Du mir nicht einmal mehr selbst schreiben kannst! Und auch unser liebes Lieserl muß die Welt gleich von dieser Seite kennen lernen![2] Wenn Du nur wieder frisch und munter bist, bis mein Brieferl eintrifft. Ich bin vor Schreck fast umgefallen, wo ich Deines Vaters Brief erhielt, denn es ahnte mir schon was Schlimmes. Gegen so was sind alle äußeren Schicksale gar nichts. Sofort wollt ich 2 Jahre noch beim alten N[üesch] Hauslehrer sein,[3] wenn Dich das gesund und glücklich machen könnte. Aber siehst, es ist wirklich ein Lieserl geworden, wie Du es wünschtest. Ist es auch gesund und schreit es schon gehörig? Was hat es denn für Augerl? Wem von uns sieht es mehr ähnlich? Wer gibt ihm denn das Milcherl? Hat es auch Hunger? Gellst und ein vollständiges Glatzerl hats. Ich hab es so lieb & kenns doch noch gar nicht! Könnt man es denn nicht photografieren, bis Du wieder ganz gesund bist? Kann es schon bald seine Augen nach etwas hinwenden? Jetzt kannst Beobachtungen machen. Ich möcht auch einmal selber ein Lieserl machen, es muß doch zu interessant sein! Es kann gewiß schon weinen, aber lachen lernt es erst viel später. Darin liegt eine tiefe Wahrheit. Wenn Du mir wieder ein bisserl zweg bist, dann mußt es zeichnen!

Hier in Bern ist es reizend. Eine altertümliche, urgemütliche Stadt, in der man genau ebenso leben kann wie in Zürich. Auf beiden Seiten der Straßen ziehen sich ganz alte Arkadengänge hin, so daß man beim ärgsten Regen von einem Ende der Stadt zum andern gehen kann, ohne merklich naß zu werden. In den Häusern ist es ungemein sauber, ich sah das allenthalben, als ich gestern mein

Zimmer suchte. Es thut mir ungemein wohl, daß ich aus der unsympathischen Umgebung glücklich entronnen bin. Ich habe schon dafür gesorgt, daß ich im hiesigen Anzeigerblatt[4] ausgeschrieben werde. Hoffentlich nützt es etwas. Wenn ich nur 2 Stunden pro Tag bekäme, könnte ich noch was für Dich ersparen. Ich hab ein großes schönes Zimmer mit einem sehr bequemen Sofa. Es kostet nur 23 fr. Das ist doch nicht viel. Dazu 6 gepolsterte Stühle und 3 Schränke. Man könnte eine Versammlung darin abhalten. Es folgt der Plan davon.

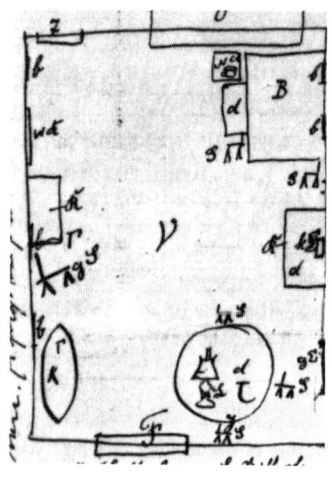

B	=	Betterl
b	=	Bilderl
d	=	Deckerl
gS	=	großartiger Sessel
$g\Sigma$	=	großartiger Spiegel
J	=	Johonzel
K	=	Kasten
$\varkappa$	=	Kanapyen
$k\Sigma$	=	kleiner Spiegel
N	=	Nacht-Topf & Tisch
F	=	Fensterl
O	=	Ofen
S	=	Stühlerl
T	=	Thüre
τ	=	Tisch
ν	=	nichts.
U	=	Uhrerl.
Γ	=	Gell da schaugst!

Jetzt aber werd mir nur schnell gesund, ich bitt Dich so schön drum, wie ichs kann. Grüß mir auch Dein Mutterl freundlich.

Du aber sei herzinnigst geküßt von Deinem Dich innig
liebenden

Johonzel.
Gerechtigkeitsgasse 32
Bern
(p. Adr. Frau Sievers).[5]

ॐ

50 *Albert an Mileva*
Bern, Samstag. [8.? Februar 1902][1]
Mein liebes Schätzchen!

Rate einmal, wo ich heute war! In einem Kolleg über
gerichtliche Pathologie[2] mit Demonstration ad oculos.
Freund Frösch, welcher auch zufällig hier weilt, hat mich
mitgenommen.[3] Die Sache hat mich so riesig interessiert,
daß ich von nun an jeden Samstag hingehen will. Eine
sechzigjährige Frau wurde ausgefragt, welche im Zustande sinnloser Trunkenheit einen Brandstiftungsver-
such gemacht hatte, und ein des Betrugs angeklagter
Mensch, der an Größenwahn zu leiden scheint. (Über
pathologische Schwindler stehen ja interessante Fälle im
Forel.)[4] Der Frösch genießt wegen seiner großen Intelligenz so die Achtung des Professors, daß dieser sich immer, wenn er etwas Feines bemerkt hat, an Frösch wendet. Ich war dann noch mit Frösch den Rest des Nachmittags beisammen.

Mit den Privatstunden geht es gar nicht schlecht. Ich
habe schon zwei Herrn, einen Ingenieur & einen Archi-
tekten gefunden & noch mehr in Aussicht. Denen zusammen halte ich dann so eine Art Privatkolleg & bekomm
pro Mann und Stunde 2 fr. Das ist doch ganz hübsch.
Übermorgen Abend geht es los.

Dem Habicht trage ich gegenwärtig die dem Kleiner
eingegebene Arbeit vor. Er ist ganz entzückt über die

guten Gedanken & läßt mir keine Ruhe, ich solle Boltzmann den Teil der Arbeit schicken, welcher auf sein Buch Bezug hat.[5] Ich werde es auch thun.[6]

Machs Buch habe ich mit riesigem Interesse fast ausgelesen[7] und werde heute Abend

[Brief unvollständig]

✒

51 *Albert an Mileva*

[Bern,] Montag. [17.? Februar 1902][1]

Mein Schatzerl!

All meinen Erziehungsprinzipien zum Hohn schreib ich Dir heut schon wieder, weil ich so ein liebes Brieferl von Dir bekommen hab. Brauchst nicht auf Habicht und Frösch eifersüchtig zu sein, denn was sind sie mir, mit Dir verglichen! Ich hab jeden Tag Sehnsucht nach Dir, aber ich thu nicht dergleichen, weil das nun einmal nicht »männlich« ist und ich immer denke: Joggele gang Du voran,[2] du bist ja der Mann. Aber das ist deswegen doch wahr, daß es sehr nett hier ist. Aber ich wär lieber mit Dir in Krähwinkel als ohne Dich in Bern, das ist gewiß. Und kein Vergnügen, was ich hier habe, kann sich mit dem vergleichen, wenn ein Brieferl vom Schatzerl kommt. Sogar am Studieren hab ich ohne Dich nur das halbe Vergnügen. Neulich hat mich einer angesprochen, der am Polytechnikum in Zürich war und jetzt am Patentamt angestellt ist. Er findet es sehr langweilig dort – gewisse Menschen finden alles langweilig – ich werde es gewiß hübsch finden und dem Haller dankbar sein, solange ich lebe.[3] Er sagte mir auch, daß in der Annonce im Bundesblatt bei den Stellenausschreibungen sonst nichts von »Physik« steht, sondern nur polytechnisch-mechanische Ausbildung.[4] Das hat Haller mir zuliebe hineingesetzt. Ferner geschehen die Wahlen der Beamten so, daß Hal-

164

ler den Vorschlag macht, und der Bundesrat ernennt; es ist also kaum ein Zweifel. Außerdem meinte er ein bischen verächtlich, daß die Stelle ja der niederste Grad sei & mir kaum von einem streitig gemacht werden würde. Das hörte ich nicht wenig gerne. Wir zwei pfeifen auf die »Höhe«!

[Brief unvollständig]

ે∾

52 *Albert an Mileva*

Bern. Samstag Abend. [28. Juni 1902 oder später][1]
Mein liebes Schatzerl!

Grade komme ich heiter vom Garten mit Ehrat und Solovini[2] und noch einem jungen Mann, den ich von Schaffhausen her kenne & der eigens mit nach Bern kam, um mich zu besuchen.[3] Morgen geh ich mit ihnen auf den Beatenberg bei Thun,[4] & am Montag reisen sie wieder ab, was mir sehr lieb ist. Ich ginge morgen viel lieber mit Dir auf den Beatenberg als mit lauter Männern, ein Mann bin ich doch selber. Wenn ich nicht bei Dir bin, dann denke ich immer mit solcher Zärtlichkeit an Dich, als Du dirs kaum einbilden kannst, wenn ich auch immer ein beeser Kerl bin, wenn ich bei Dir bin. Aber wart nur, nächsten oder übernächsten Sonntag machen wir auch einen Ausflug und gehen schon am Samstag Abend fort! Dann werd ich Dich am Abend und in der Nacht wieder einmal nach Herzenslust verbusseln und verdrücken. Ehrat leidet ziemlich stark unter seiner Nervosität, trotzdem er ein sehr angenehmes Leben hat. Denk, wenn der meine Arbeit hätte![5] Ich glaube, er könnte es keine 14 Tage aushalten. Der sollte unbedingt ein Schatzerl haben wie ich, das ihn liebhat und ihm ein bisserl Lebenspoesie beibringt, damit er auch ein bisserl

165

sehen lernt, daß es ein inniges, sorgloses Leben gibt und nicht immer nur Stirnrunzelei.

Leb wohl, mein Schatzerl, am Montag um 6 Uhr am Türmchen werden wir uns treffen.

Sei geküßt von Deinem

Johonzel.

✒

53 *Mileva an Albert*   [Budapest, 27. August 1903]

Liebes Jonzerl.

Ich bin schon in Budapest, es geht schnell, aber arg, mir ist ganz schlechn.[1] Was machst Du kleines Jonzile, schreib mir bald, gelt. Dein Armer

Schno[xl?]

✒

54 *Albert an Mileva*

Bern. Freitag. [19.? September 1903][1]

Lieber Schnoxl!

Keine Rede davon, daß ich böse bin, daß der arme Schnoxl brüten muß. Ich bin sogar froh darüber und habe mich schon besonnen, ob ich nicht sonst dafür sorgen soll, daß Du ein neues Lieserl kriegst, daß Dir nicht vorenthalten sei, was doch das Recht aller Frauen ist. Mach Dir nur keine Sorgen, sondern komme vergnügt zurück und brüte recht sorgsam, daß was Gutes zustande kommt.[2]

Die Geschichte mit dem Lieserl thut mir sehr leid. Es bleibt so leicht vom Scharlach etwas zurück. Wenn nur alles gut vorbeigeht. Als was ist denn das Lieserl eingetragen?[3] Wir müssen sehr Sorge haben, daß dem Kinde nicht später Schwierigkeiten erwachsen.

166

Jetzt komm mir bald wieder. 3½ Wochen sind schon vorbei, und länger darf ein braves Weiberl seinen Mann nicht allein lassen. Es sieht aber noch gar nicht so schrecklich aus bei uns, wie Du Dir denken wirst. Das wirst Du bald wieder in Ordnung haben.

Mit Haller komme ich jetzt so gut aus wie noch nie. Er ist ganz freundlich und, neulich, als ein Patentagent gegen meine Verfügung reklamierte und sich noch dazu auf einen Bescheid des deutschen Patentamtes stützte, hat er mir in allen Punkten Recht gegeben. Wirst sehen, ich werde schon vorwärts kommen, daß wir nicht darben müssen. Wenn nur noch meine Mutter eine Stellung bekäme in Berlin, dann wären wir fein heraußen.[4] Auch scheint es ziemlich sicher zu sein, daß der mir günstig gesinnte Oberlin Adjunkt wird.[5] Luigi ist in nächster Zeit in Hechingen.[6] Will sehen, ob er noch nach Bern kommt.

Komme bald und sei gebusselt vom

Jonzl.

Herzliche Grüße an alle.

Anmerkungen zu den Essays

Vorwort von Martin J. Klein

1 Richard Ellmann: Golden Codgers: Biographical Specula-
tions. New York und London 1973, S. 16. Im Englischen
heißt es »controlled seething«.

Einleitung von Jürgen Renn und Robert Schulmann

1 Desanka Trbuhović-Gjurić: Im Schatten Albert Einsteins.
Das tragische Leben der Mileva Einstein-Marić. Bern 1983;
Dord Krstić: Appendix A. In: Elisabeth Roboz Einstein
(Hrsg.): Hans Albert Einstein. Reminiscences of His Life and
Our Life Together. Iowa City 1991.
2 Brief Einsteins an Michele Besso, 6. März 1952. Publiziert in
Einstein/Besso 1972, S. 464.
3 Brief von Paul Ehrenfest an Tatiana Ehrenfest, 18. Januar
1912.
4 Einstein-Edition, Band 1, S. 22.
5 Ebd. S. 310.
6 Programm der städtischen Schulen in Aarau. Schuljahr
1903–1904. Aarau 1904; Aargauer Tageblatt, 27. Februar
1904 (Nachruf auf Conrad Wüest).
7 Einstein-Edition, Band 1, S. 28.
8 Brief von Michele Besso an Aurel Stodola, 22. August
1941.
9 Brief von Michele Besso an Carl Seelig (Entwurf), 15. Januar
1954.

Einstein und die Frauen von Armin Hermann

1 Einstein-Edition, Band 1, S. 220.
2 Ebd. S. 6–9.
3 Carl Seelig: Albert Einstein. Leben und Werk eines Genies
unserer Zeit. Zürich 1960, S. 23.

4 Einstein-Edition, Band 1, S. 28. – Es handelt sich um den französischen Aufsatz zum Thema »Mes projets d'avenir«. Genau genommen heißt es hier nicht theoretische Physik, was Einstein jedoch sicher gemeint hat, sondern »partie théorétique« der Naturwissenschaften.

5 Ebd. S. 55.

6 Arthur Kirchhoff: Die akademische Frau. Gutachten hervorragender Universitätsprofessoren, Frauenlehrer und Schriftsteller. Berlin 1897, S. 256.

7 Desanka Trbuhović-Gjurić: Im Schatten Albert Einsteins. Das tragische Leben der Mileva Einstein-Marić. Bern 1983. – Eine Widerlegung der hier vorgetragenen These u. a. in der voraussichtlich im September 1994 bei R. Piper München erscheinenden Einstein-Biographie von Armin Hermann.

8 Einstein-Edition, Band 5, S. 228.

9 Ebd. S. 207.

10 Ebd. S. 608.

11 Ebd. S. 477.

12 Ebd. S. 594.

13 Brief Einsteins an Michele Besso, 21. Juli 1916.

14 Ebd.

15 Brief Einsteins an Michele Besso, 15. Februar 1915.

16 Einstein-Edition, Band 5, S. 570.

17 János Plesch: Ein Arzt erzählt sein Leben. München 1949, S. 139.

18 Einstein-Edition, Band 5, S. 585.

19 Michael Grüning: Ein Haus für Albert Einstein. Erinnerungen – Briefe – Dokumente. Berlin 1990, S. 160.

20 Hermann Friedmann: Begegnungen mit Einstein. In: Heidelberger Tageblatt. 23. April 1955.

21 Philipp Frank: Albert Einstein. Sein Leben und seine Zeit. 2. Aufl. Braunschweig und Wiesbaden 1979, S. 220.

22 Einstein-Archiv. Dok. 31 072.

23 Brief von Paul Ehrenfest, 16. August 1920.

24 Brief von Else Lasker-Schüler, undatiert [1921].

25 Friedrich Herneck: Einstein privat. Herta W. erinnert sich an die Jahre 1927 bis 1933. Berlin 1978, S. 124.

26 Brief an Paul Ehrenfest, 28. August 1926.

27 Brief von Elsa Einstein an Antonina Vallentin, 22. November 1932.

28 Albert Einstein/Hedwig und Max Born: Briefwechsel

1916–1955, kommentiert von Max Born. München 1969, S. 180.

29 Brief Einsteins an Otto Nathan, 10. Juli 1939.

30 Brief Einsteins an Nina Kochertaler, um 1946.

31 Brief Einsteins an Otto Nathan, 4. September 1948.

32 Brief von Maja Winteler-Einstein an Theresia Mutzenbacher, 17. Juni 1947.

33 Brief an Gertrud Warschauer, 15. Juli 1950.

Anmerkungen zu den Briefen

Albert Einstein wurde am 14. März 1879 in Ulm geboren. Beide Eltern stammten aus Württemberg, der Vater Hermann Einstein (1847–1902) aus Buchau am Federsee, die Mutter Pauline, geb. Koch, aus Bad Cannstatt. Die Familie übersiedelte im Juni 1880 nach München, wo am 18. November 1881 Einsteins Schwester Maja zur Welt kam. Weitere Geschwister hatte Einstein nicht. Er besuchte seit Oktober 1885 die Sankt Petersschule und seit Oktober 1888 das Luitpold-Gymnasium.

Im Sommer 1894 verlegten Einsteins Vater und sein Onkel Jakob Einstein ihre elektrotechnische Firma nach Italien. Einstein sollte noch bis zum Abitur in München bleiben, folgte aber eigenmächtig zum Jahresende 1894 den Eltern nach Mailand. Um am Eidgenössischen Polytechnikum in Zürich, wo damals das Abitur noch nicht obligatorisch war, angenommen zu werden, unterzog er sich im Oktober 1895 der Aufnahmeprüfung. Einstein wurde nicht zugelassen und erhielt statt dessen den Rat, sein Abitur nachzuholen. Deshalb ging er an die Kantonsschule nach Aarau, die er vom Oktober 1895 an ein Jahr besuchte. Am 3. Oktober 1896, mit 17¼ Jahren also, erhielt er sein Abiturzeugnis, und noch im gleichen Monat begann er das Studium an der Eidgenössischen Polytechnischen Schule in Zürich. Gleich im ersten Semester lernte er hier Mileva Marić kennen. Nach den vorgeschriebenen vier Jahren erwarb er am 28. Juli 1900 sein Diplom als »Fachlehrer in mathematischer Richtung«.

Am 23. Juni 1902 trat Einstein seine erste Dauerstellung als »Technischer Experte 3. Klasse« am Eidgenössischen Amt für Geistiges Eigentum in Bern an. Ein halbes Jahr später, am 6. Januar 1903, heirateten Albert Einstein und Mileva Marić. Neben der anstrengenden beruflichen Tätigkeit und den Belastungen einer schwierigen Verbindung entstanden seit 1905 die berühmten Arbeiten, die eine neue Epoche der Physik einleiteten.

Mileva Marić wurde als Tochter eines mittleren ungarischen Verwaltungsbeamten am 19. Dezember 1875 in Titel in Ungarn geboren (heute als Wojwodina ein Teil Serbiens). Nach dem Besuch verschiedener Schulen in ihrer Heimat (zuletzt als Gast am Obergymnasium in Zagreb) ging sie 1894 nach Zürich, um hier an der Höheren Töchterschule ihre Matura zu erwerben. Sie studierte im Sommersemester 1896 Medizin an der Universität Zürich und wechselte ein Semester später an die Eidgenössische Polytechnische Schule, wo sie sich wie Einstein im Oktober 1896 in der Sektion VI A immatrikulierte. Das Wintersemester 1897/98 verbrachte sie als Gasthörerin in Heidelberg, worauf sie wieder nach Zürich ans Polytechnikum zurückkehrte. Sie scheiterte im Sommer 1900 bei der Diplomprüfung, und auch ein zweiter Versuch ein Jahr später blieb erfolglos.

Mileva Marić brachte (wahrscheinlich im Januar 1902) eine Tochter zur Welt, deren Vater Einstein war. In den Briefen wird das Kind meist das »Lieserl« genannt. Es wurde sehr wahrscheinlich zur Adoption weggegeben. Der am 6. Januar 1903 geschlossenen Ehe entstammten zwei Söhne: Hans Albert, geboren am 14. Mai 1904 in Bern, und Eduard, geboren am 28. Juli 1910 in Zürich. Die Trennung von Einstein erfolgte im Juli 1914, kurz nach dem Umzug in die Reichshauptstadt, die Scheidung am 14. Februar 1919. Mileva Einstein-Marić lebte seitdem in Zürich, wo sie am 4. August 1948 verstarb. Um sie und die Söhne zu versorgen, übergab ihr Einstein das mit dem Nobelpreis erhaltene Geld und erwarb später noch ein Haus für sie in Zürich.

In den nun folgenden Anmerkungen wird die Literatur mit einer Kurzbezeichnung (Name des Autors und Jahreszahl) zitiert, z. B. *Einstein 1902*. Den genauen Titel findet der Leser im Literaturverzeichnis auf S. 205.

Wenn die Briefdaten in eckigen Klammern stehen, aber eine Anmerkung dazu fehlt, sind die Daten dem Poststempel auf dem Briefumschlag oder auf der Postkarte entnommen.

Brief 1

1 Mileva Marić studierte im Wintersemester 1897/98 als Gasthörerin in Heidelberg. Der Brief wurde entsprechend ihrer Ankunft in Heidelberg datiert.

2 Johanna Bächtold (1852–1927), in deren Züricher Haus Mileva vor ihrer Abreise wohnte.

3 Miloš Marić (1846–1922), Milevas Vater. Die Familie Marić wohnte in Kać, einem Ort 15 km nordöstlich von Novi Sad (Neusatz), damals ungarische Reichshälfte der Doppelmonarchie, heute Wojwodina.

4 Friedrich Sänger (1875– ?), ein Student am Polytechnikum, Abteilung VI A, der sich im Oktober 1897 exmatrikulierte.

5 Philipp Lenard (1862–1947), damals außerordentlicher Professor in Heidelberg, später dort Ordinarius. Nobelpreis 1905. Er trat nach dem Ersten Weltkrieg durch scharfe Angriffe auf Einstein und die Relativitätstheorie hervor und wollte gegen Einsteins »jüdische Physik« eine »Deutsche Physik« aufbauen.

6 Die vierstündige Vorlesung war als »Theoretische Physik (Wärmetheorie, Elektrodynamik)« angekündigt.

7 *Landolt und Börnstein 1894*, S. 313, geben als mittlere Geschwindigkeit 425 m/sec bei 0° C.

Brief 2

1 Mileva Marić immatrikulierte sich im April 1898 erneut in der Sektion VI A des Polytechnikums.

2 Adolf Hurwitz (1859–1919), Professor der Mathematik; Albin Herzog (1852–1909), Professor der technischen Mechanik und Direktor des Polytechnikums; Heinrich Friedrich Weber (1843–1912), Professor der mathematischen und technischen Physik; Wilhelm Fiedler (1832–1912), Professor der Mathematik. Was den Stoff ihrer Vorlesungen betrifft, vergleiche man die Einstein-Edition, Band 1, Anhang E.

3 Im Wintersemester 1897/98 besuchten etwa 140 Studenten die Mechanik-Vorlesung von Albin Herzog. Sie war Pflichtveranstaltung für die Studierenden in den technischen Abteilungen und in Sektion VI A.

4 Wahrscheinlich die Vorlesung von Ferdinand Rudio (1858–1929) über »Zahlentheorie«. Siehe Edition, Band 1, Anhang E.

5 Wahrscheinlich die Vorlesungsnachschriften Einsteins über Physik (siehe Edition, Band 1, Dok. 37) und seines Studienkollegen Marcel Grossmann (1878–1936) über Mathematik, die Einstein bei den Examensvorbereitungen als »Rettungs-

anker« empfand (siehe *Einstein 1955*, S. 147). In zwei von Grossmanns Heften, Nachschriften der Vorlesungen von Hermann Minkowski (»Funktionentheorie« und »Elliptische Funktionen«, siehe Edition, Band 1, Anhang E), finden sich einige wenige Annotationen von Einsteins Hand.

6 Hurwitz war Vorstand der Sektion VI A.

7 Nach ihrer Rückkehr nach Zürich wohnte Mileva Marić wieder in der Pension Bächtold.

Brief 3

1 Datiert in der Annahme, daß der Brief nach Milevas Rückkehr von Heidelberg geschrieben wurde.

2 Wahrscheinlich *Drude 1894*.

Brief 4

1 Datiert aufgrund der Erwähnung des Buches von Drude.

2 Wahrscheinlich *Drude 1894*.

Brief 5

1 Datiert aufgrund des Hinweises auf den Tod von Marco Besso.

2 Marco Tullio Besso (1880–1898), der Bruder von Einsteins Freund Michele Besso (1873–1955), begann sein Studium im Oktober 1898 in der chemischen Abteilung des Polytechnikums. Er beging Selbstmord in der Nacht vom 27. auf den 28. November 1898.

Brief 6

1 Datiert in der Annahme, daß der Brief am ersten oder zweiten Montag nach dem Ende der Vorlesungen im Wintersemester 1898/99 geschrieben wurde.

2 Alfred Stern (1846–1936) war Professor für Geschichte am Polytechnikum. Es ist wahrscheinlich, daß die in Mailand lebenden Ansbachers, die eng mit den Einsteins und den

Sterns befreundet waren, den jungen Studenten bei den Sterns eingeführt haben (vgl. *Kayser 1930*, S. 54). Einstein war häufiger Gast im Hause Stern (vgl. die Edition, Band 1, Dok. 66).

3 Die Grenzstation auf dem Wege von Zürich nach Mailand.

4 Pauline Einstein, geborene Koch (1858–1920), die Mutter Einsteins.

Brief 7

1 Datiert aufgrund des Hinweises auf die Ankunft in Mettmenstetten, einem Züricher Ausflugsort (vgl. die Edition, Band 1, Dok. 48).

2 »Doxerl« oder »Dockerl«, abgeleitet vom süddeutschen »Docke« für Puppe. In der Anrede gebrauchte Einstein die Form »Doxerl« (vgl. u. a. Brief 14).

3 Die Hotelpension Paradies, oberhalb von Mettmenstetten gelegen.

4 Maja Einstein (1881–1951).

5 *Helmholtz 1888, 1889.* Wahrscheinlich las Einstein die »Vorträge und Reden« *(Helmholtz 1895)*. Man vgl. den folgenden Brief.

6 Mileva bereitete sich auf die sog. »Übergangsdiplomprüfung« (heute »Vordiplom«) Anfang Oktober 1899 vor. Einstein hatte diese Prüfung bereits im Oktober 1898 als Jahrgangsbester abgelegt (siehe Edition, Band 1, Dok. 42).

7 Eine Verschreibung in der Grußformel.

Brief 8

1 Datiert aufgrund des Hinweises, daß Mileva wohl bereits Einsteins ersten Brief aus Mettmenstetten (Brief 7) erhalten hatte.

2 Robert Markstaller (1865–1933) war der Eigentümer der Hotelpension Paradies.

3 Der berühmte Wallfahrtsort mit der Benediktinerabtei Maria Einsiedeln.

4 *Helmholtz 1895* (vgl. Anmerkung 6).

5 *Hertz 1892.*

6 *Helmholtz 1892*, wiederabgedruckt in *Helmholtz 1895*, S. 476

bis 504. In dieser Abhandlung zitiert Helmholtz außer seinen eigenen Arbeiten nur *Hertz 1890 b.*

7 Die Abhandlung von Heinrich Hertz »Über die Grundgleichungen der Elektrodynamik für bewegte Körper« *(Hertz 1890 b)* ist wiederabgedruckt in *Hertz 1892,* S. 256−285.

8 In der »Elektrodynamik für bewegte Körper« sind, wie Heinrich Hertz ausdrücklich konstatiert, »willkürliche Annahmen über die Bewegung des Äthers« notwendig. Begnügt man sich aber mit den »eigentlichen elektrischen und magnetischen Erscheinungen«, ist eine spezielle Hypothese darüber nicht notwendig. Seine Theorie basiert auf der einfachsten Annahme (daß der Äther von bewegten Körpern vollständig mitgeführt wird), obwohl sich Hertz darüber klar war, daß diese Hypothese wahrscheinlich nicht alle elektrodynamischen Phänomene würde erklären können *(siehe Hertz 1892,* S. 256 ff.).

9 Was die Definition der »elektrischen Kraft« betrifft, siehe die Originalabhandlung *Hertz 1890 a* oder den Nachdruck *Hertz 1892,* S. 211 f.

10 Einstein gebrauchte den Ausdruck »elektrische Masse« synonym mit »elektrische Ladung« (siehe die Edition, Band 1, Dok. 37, Anm. 138). Der Ausdruck »elektrochemische Äquivalente« stammt von den beiden Faradayschen Gesetzen. Der vielbeachtete Vortrag *Helmholtz 1881* zeigt die Bedeutung der Faradayschen Gesetze. Hier zog Helmholtz den Schluß, daß, falls die Materie atomar strukturiert ist, auch »Atome der Elektrizität« existieren müssen. Siehe auch *Helmholtz 1895,* S. 505−525, insbesondere S. 506.

11 Das ist die Divergenz der »elektrischen Kraft« in der Bezeichnung und Formelsprache von Hertz (siehe *Hertz 1892,* S. 227). Nach Hertz definiert diese Divergenz die Dichte der »freien Elektrizität«, die im Vakuum gleichbedeutend ist mit der »wahren Elektrizität«.

12 Der Ausdruck »Magnetismus« wurde von Hertz gebraucht, um Elementarmagnete zu bezeichnen. Er schloß dabei aber die Möglichkeit nicht aus, daß diese von elektrischen Strömen erzeugt werden (siehe *Hertz 1892,* S. 243).

13 Conrad Wüest (1849−1904) war Physiker und Rektor der Aarauer Bezirksschule von ca. 1899 bis 1904. Mit ihm plante Einstein eine wissenschaftliche Zusammenarbeit (vgl. Edition, Band 1, Dok. 48), wahrscheinlich Versuche mit Kathodenstrahlröhren.

14 Julie Koch (1857–1914).
15 Auf den Umschlag geschrieben; Handschrift von Einsteins Mutter Pauline.
16 Auf den Umschlag geschrieben; Handschrift von Einsteins Schwester Maja.

Brief 9

1 Datiert in der Annahme, daß dieser Brief nach dem vorausgehenden und vor dem folgenden Brief geschrieben wurde.
2 Briefe 7 und 8.
3 Das Haus der Familie Marić in Kać.
4 Professor Wilhelm Fiedler prüfte im Zwischenexamen in darstellender und projektiver Geometrie.
5 Professor Albin Herzog prüfte beim Zwischenexamen in Mechanik.
6 Stephanie Markwalder (1851–1934), Klosbachstraße 87, war Einsteins Vermieterin von September 1898 bis Oktober 1899. Das »Heft über Wärmetheorie« bildet den ersten Teil der von Einstein angefertigten Nachschrift der Physikvorlesungen von Heinrich Friedrich Weber (siehe Edition, Band 1, Dok. 37).
7 Das Zwischenexamen begann am 2. Oktober 1899.

Brief 10

1 Datiert aufgrund der Bemerkung über die Schließungszeiten der Züricher Bibliotheken.
2 Brief 9.
3 Die Züricher Stadtbibliothek (heute Teil der Zentralbibliothek) war in der Woche, die mit dem 11. September begann, geschlossen.
4 Wahrscheinlich die »Vorlesungen über die elektromagnetische Theorie des Lichtes« *(Helmholtz 1897)* und die »Vorlesungen über die Gastheorie« *(Boltzmann 1896, 1898),* deren Lektüre er ein Jahr später beendete (siehe die Briefe 21 und 22). Machs Mechanik *(Mach 1897)* und Wärmelehre *(Mach 1896)* wurden Einstein um 1897 von Michele Besso empfohlen. Wie sich Einstein erinnerte, hat er die Mechanik zuerst

gelesen (siehe Einstein an Michele Besso, 6. Januar 1948 und Einstein an Carl Seelig, 8. April 1952).

5 Die Bemerkung über den »Einfluß der Relativbewegung der Körper gegen den Lichtäther auf die Fortpflanzungsgeschwindigkeit des Lichtes« läßt vermuten, daß Einstein irgendwelche Varianten des berühmten Experimentes von Fizeau im Sinne hatte (siehe *Fizeau 1851*).

Brief 11

1 Datiert aufgrund der Annahme, daß dieser Brief vor Milevas Zwischenexamen geschrieben wurde.

2 Wilhelm Wien (1864–1928) wurde am 1. April 1899 zum ordentlichen Professor an der Universität Gießen ernannt. Zuvor war er außerordentlicher Professor an der Technischen Hochschule Aachen gewesen.

3 Wahrscheinlich ein Hinweis auf Professor Heinrich Friedrich Weber und dessen Vorlesungen. Als Student wollte Einstein einen Apparat konstruieren, um damit die Bewegung der Erde gegen den Äther genau zu messen. Die Idee blieb unausgeführt, weil die Skepsis seiner Lehrer zu groß und sein Wagemut zu klein war (siehe *Kayser*, S. 52).

4 *Wien 1898*. In dieser Arbeit behandelte Wien die Theorie sowohl eines beweglichen wie eines unbeweglichen Äthers, einschließlich der von Lorentz behandelten Theorie. Er beschrieb auch kurz dreizehn der wichtigsten Experimente, die die Bewegung der Erde durch den Äther gestalten sollten. Das Experiment von Michelson-Morley befand sich unter den zehn »Versuchen mit negativem Resultat«.

5 Einsteins Schwester Maja trat im Herbst 1899 in die zweite Klasse des Lehrerinnenseminars in Aarau ein. Einstein bezieht sich auf die Familie Winteler, bei der er selbst gewohnt hatte, während er die Aargauer Kantonsschule besuchte.

6 Mileva Marić wohnte in der Plattenstraße 50, Albert Einstein seit 9. November in der nahegelegenen Unionstraße 4.

7 Ein Wortspiel mit dem Namen von Professor Wilhelm Fiedler, der darstellende und projektive Geometrie lehrte. Mileva hatte vor dieser Prüfung besonders Angst. Sie bestand das Zwischenexamen zwar, erhielt aber bei Fiedler ihre schlechteste Note.

8 Einstein hatte die sog. »Übergangsdiplomprüfung« bereits im Vorjahr bestanden (siehe Edition, Band 1, Dok. 42).

9 Es handelt sich um Georg Neuweiler (1878–1953), der ebenfalls in der Sektion IV A studierte und seine Zwischenprüfung mit Mileva ablegte.

10 Marie Winteler (1877–1957), die Tochter von Prof. Jost Winteler und Pauline (Rosa) Winteler.

11 Der höchste Punkt (871 m) in der unmittelbaren Umgebung Zürichs.

12 Der Säntis ist ein Bergmassiv im Nordosten der Schweiz.

13 *Helmholtz 1897.*

Brief 12

1 Datiert aufgrund der Hinweise in diesem und dem vorausgehenden Brief auf Einsteins Rückkehr nach Zürich.

2 Stephanie Markwalder (1851–1934).

3 Pension Engelbrecht, Milevas Adresse.

4 *Helmholtz 1897* (siehe den vorausgehenden Brief).

5 Siehe z. B. *Müller-Pouillet 1888–1890,* Kap. 7, und *Braun 1893,* S. 387–410, wo sich Darlegungen zum Thema Thermoelektrizität finden.

6 Höchstwahrscheinlich bezeichnet hier »latente Wärme« das, was Einstein in Brief 24 die »latente kinetische Energie der Wärme« nennt. Die Fragestellung hatte Einstein durch die Vorlesungen Webers kennengelernt (siehe Edition, Band 1, Dok. 37, Anm. 34). Der Ausdruck »latente Wärme in Metallen« läßt vermuten, daß Einstein nicht an die latente Wärme bei Phasenübergängen, bei Volumen- und bei Druckänderungen denkt, Begriffe, die alle in der zeitgenössischen Literatur gebraucht werden (siehe z. B. *Bryan 1903,* S. 75 f.).

7 Wenn sich die »latente Wärme« auf die kinetische Energie der Bestandteile eines Körpers bezieht (siehe Anm. 6), dann können die zeitgenössischen Vorstellungen vom Vorhandensein beweglicher elektrischer Ladungsträger in Metallen (siehe *Riecke 1898*) zu dem Gedanken geführt haben, daß solche Ladungsträger ebenfalls zur spezifischen Wärme eines Metalles beitragen. Schon früher hatte Max Planck (1858–1947) ein rein thermodynamisches Argument dafür angegeben, daß die spezifischen Wärmen von geladenen und ungeladenen Körpern verschieden sind (siehe *Planck 1889,* § 3).

8 Wahrscheinlich ein Hinweis auf die experimentelle Ausrüstung des Weberschen Laboratoriums.

Brief 13

1 Datiert aufgrund der Verwendung des Du, zu dem die beiden Liebesleute Ende 1899 oder Anfang 1900 übergingen.
2 Gemeint ist ein »Busserl«.

Brief 14

1 Datiert aufgrund der Annahme, daß Einstein diesen Brief schrieb, nachdem er die Schlußdiplomprüfung abgelegt hatte (siehe Edition, Band 1, Dok. 67).
2 Einstein schrieb zuerst »Gestern« und fügte dann ein »Vor« hinzu.
3 Einstein hat offensichtlich seine Tante, Julie Koch, in Zürich getroffen und ist mit ihr nach Sarnen im Kanton Obwalden gereist. Von hier fuhr man gemeinsam in den Kurort Melchtal (894 m).
4 Wahrscheinlich das Hotel-Kurhaus Melchtal, das größte Haus am Platze.
5 Die Schlußdiplomprüfung, die Einstein mit einem Notenmittel von 4,91 bestanden hatte. Dabei war 6 die beste, 1 die schlechteste Note (siehe Edition, Band 1, Dok. 67).
6 Die in Mailand lebende Sara Bär (1862–1925).
7 Maja Einstein kehrte im August an das Lehrerinnenseminar in Aarau zurück.
8 *Kirchhoff 1897* (siehe den folgenden Brief).

Brief 15

1 Datiert aufgrund von Einsteins Angabe, daß Mileva nach ihrem nicht bestandenen Examen nach Hause gefahren ist.
2 Marija Marić (1847–1935), Milevas Mutter.
3 »Oxistent« ist eine scherzhafte Verballhornung von »Assistent«. Offenbar war Einstein ziemlich sicher, daß er eine Assistentenstelle am Polytechnikum erhalten würde (siehe Anm. 7).

181

4 Hermann Einstein (1847–1902).
5 Konrad Brandenberger (1873–1919) studierte Naturwissenschaften an der Universität Zürich. Er heiratete 1901 Anna
Ramsauer (1881–1970).
6 Ein Gipfel (3239 m) an der Grenze der Kantone Uri und
Bern.
7 Jakob Ehrat (1876–1960) hatte sich sowohl am Polytechnikum um eine Assistentenstelle bei Professor Rudio (siehe
Edition, Band 1, Dok. 77, Anm. 1) wie auch um eine Position
an der Thurgauer Kantonsschule in Frauenfeld beworben.
Ein anderer Kandidat dort war Karl Matter (1874–1957), ein
Assistent bei Professor Hurwitz. Einstein hoffte, eine Assistentenstelle am Polytechnikum zu erhalten, wenn einer der
beiden Bewerber in Frauenfeld erfolgreich sein würde.
8 *Kirchhoff 1897*, Vorlesungen 5–7.

Brief 16

1 Datiert in der Annahme, daß Milevas erster Brief nach
Melchtal unmittelbar nach ihrer Rückkehr nach Hause geschrieben wurde.
2 Siehe die beiden vorausgehenden Briefe.

Brief 17

1 Datiert aufgrund des Hinweises im vorausgehenden Brief
auf Einsteins Rückkehr nach Zürich und des Hinweises in
diesem Brief und in Brief 15 auf seine Reise nach Italien.
2 Die Kraftwerke hatten ihren Sitz in Canneto sull'Oglio und
Isola della Scala. Hermann Einstein hatte in diesem Jahr eine
zweite Konzession auf Bau und Betrieb eines Kraftwerks
erhalten, was auch zur Sanierung seiner Vermögensverhält-
nisse führte (siehe z. B. Brief 19).
3 In Melchtal gab es ein Benediktinerkloster.
4 Siehe Brief 21.

Brief 18

1 Datiert aufgrund der Hinweise in diesem Brief und in Brief 15 auf Einsteins Abreise nach Italien.
2 Johanna Engelbrecht (1855–1940), wohnhaft Plattenstraße 50.
3 Vielleicht ein Hinweis, daß er in die Geheimnisse des Familienbetriebs eingeweiht werden sollte (siehe den vorausgehenden Brief). Es mag sich aber auch um die erwartete Moralpredigt seines Vaters gehandelt haben, die ihn veranlassen sollte, sich von Mileva zu trennen [Anmerkung des deutschen Herausgebers].
4 Ein Zitat aus Ludwig Uhlands »Schwäbischer Kunde«.

Brief 19

1 Datiert aufgrund des Hinweises auf Einsteins Ankunft in Mailand.
2 Als Assistent am Eidgenössischen Polytechnikum.
3 Schweizerdeutsch für »neugierig«.

Brief 20

1 Datiert aufgrund des Hinweises, »daß nun der August vorüber geschlichen ist«.
2 Michele Besso lebte damals in der Viale Venezia 6.
3 Anna Besso-Winteler (1872–1944) und ihr Sohn Vero (1898–1971).
4 Luigi Ansbacher (1878–1956). Ein Sohn der Ansbachers, mit denen Einsteins Eltern gut befreundet waren.
5 Siehe *Thomson 1851*. Wie in Einsteins Nachschrift von H. F. Webers Physikvorlesung bedeutet $\varkappa$ die Wärmeleitfähigkeit und T die absolute Temperatur. Milevas Diplomarbeit war der Wärmeleitung gewidmet, und sie hoffte, das Thema zu einer Dissertation ausbauen zu können (vgl. Einstein an Carl Seelig, 8. April 1952: »Meine und meiner ersten Frau Diplom-Arbeiten bezogen sich auf Wärmeleitung und waren für mich ohne irgendwelches Interesse...«).
6 In einem »Fragebogen für Bürgerrechtspetenten«, den Einstein im Oktober 1900 ausgefüllt hat, findet sich die Eintra-

gung eines städtischen Beamten, daß Einstein seine Doktorarbeit bei Prof. Weber anfertige.

7 Mileva hatte damals einen Kropf; siehe Brief 22.

8 Besso war technischer Experte der »Società per la sviluppo
delle Industrie elettriche in Italia« (Gesellschaft zur Entwicklung der Elektroindustrie in Italien), und es mag sein, daß er
von dieser die Aufgabe erhalten hat, die Ausstrahlung zu
untersuchen. Das Problem spielte in der drahtlosen Telegra-
phie eine Rolle (siehe etwa *Wien, M. 1901*). Die elektromagnetische Ausstrahlung eines Dipoles wurde von Heinrich
Hertz untersucht *(Hertz 1889)* und die Strahlung eines linea-
ren Leiters von Max Abraham *(Abraham 1898)*.

Brief 21

1 Datiert aufgrund des Hinweises auf die zweimonatige vorle-
sungsfreie Zeit im Sommer.

2 Dialektausdruck für »Kaffee«.

3 Julie Koch (1857–1914) und Alice Koch (1891–1952).

4 In einem Brief an ihre Freundin Helene Kaufler von Juni/
Juli 1900 erwähnt Mileva »eine größere Arbeit, die ich mir als
Diplom- und wahrscheinlich auch als Doktorarbeit ausge-
wählt, damit sie der Prof. Weber ein bißchen kritisieren
kann«. Mit einem Diplom des Polytechnikums konnte jeder
Student ohne zusätzliche Prüfung an der Universität Zürich
promovieren (vgl. den Kommentar »Einstein as a Student of
Physics and His Notes on H. F. Weber's Course« in der Edition, Band 1, Seite 60–62). Obwohl Mileva das Diplomexamen nicht bestanden hatte (siehe Edition, Band 1, Dok. 67),
plante sie, dieses im Jahre 1901 nachzuholen.

5 Karl Matter (1874–1956) war einer der Assistenten von Prof.
Adolf Hurwitz und wurde am 3. September 1900 zum Dozenten an der Kantonsschule in Frauenfeld ernannt.

6 Eine Variante von »Doxerl«.

7 Wahrscheinlich ein Hinweis auf *Boltzmann 1896, 1898*. Beide
Bände, mit geringfügigen Annotationen Einsteins, befinden
sich in Einsteins Bibliothek in Jerusalem.

8 Siehe *Boltzmann 1896*, S. 15.

1 Datiert aufgrund der Hinweise auf Adolf Hurwitz in diesem, dem vorausgehenden und dem folgenden Brief.
2 Zorka Marić (1883–1938).
3 Eine der Stresa gegenüberliegenden Borromeischen Inseln im Lago Maggiore mit einem im 17. Jahrhundert von der Mailänder Familie Borromeo geschaffenen Palast und Garten.
4 Wahrscheinlich ist Ferdinand Ruess gemeint, Einsteins »Ordinarius« in der vierten und sechsten Klasse des Luitpold-Gymnasiums (siehe *Kayser 1930*, S. 33 f.). Einstein hielt auch den Kontakt zu Joseph Zametzer, einem Mathematiklehrer am Gymnasium (siehe die Edition, Band 5, Dok. 34).
5 Wahrscheinlich *Boltzmann 1896, 1898* (siehe den vorausgehenden Brief, Anm. 6) und *Heine 1878, 1881*. Heine wird in *Boltzmann 1896*, S. 170 f. zitiert und von Einstein im Brief 36 erwähnt.
6 Henriette Hägi (1843–1906), Einsteins Vermieterin.
7 Bezieht sich auf die bevorstehende Hochzeit von Milevas Freundin Helene Kaufler (1871–1943) mit dem Ingenieur Milivoj Savić (1876–1940) am 15. November.

1 Datiert aufgrund des Hinweises auf die Verschiebung der Abreise nach Zürich.
2 Giuseppe Besso (1839–1901).
3 Es mag sein, daß Einstein bereits Ostwalds Lehrbuch *(Ostwald 1891, 1893)* gelesen hatte, auf das er sich in seinem Brief an Wilhelm Ostwald bezieht (siehe Edition, Band 1, Dok. 92) und in *Einstein 1901* zitiert (siehe Edition, Band 2, Dok. 1).
4 Siehe z. B. die historischen Bemerkungen in *Ostwald 1893*, Buch 2, Kap. 1, insbesondere die Seiten 542–550, in denen Ostwald auf die Entwicklung der letzten dreißig Jahre eingeht.
5 Siehe z. B. *Ostwald 1893*, S. 788 ff.
6 Alfred Kleiner (1849–1916), Professor der Experimentalphysik an der Universität Zürich.
7 *Einstein 1901* (Edition, Band 2, Dok. 1) ist auf den 13. Dezember 1900 datiert. Nach dem Tod von Gustav Wiedemann

(1826–1899) war Paul Drude (1863–1906) Herausgeber der
»Annalen der Physik«.
8 Fridolin Winteler (1873–1953), der Bruder von Anna Besso-
Winteler, hatte sein Diplom an der Abteilung Chemie des
Polytechnikums erworben, wo er dann eine Assistentenstelle
erhielt. Zur Jahrhundertwende war er Assistent am Che-
misch-technischen Institut der Technischen Hochschule in
Darmstadt.
9 Einsteins neue Züricher Adresse.

Brief 24

1 Datiert aufgrund des Berichts über die Reise nach Mailand
und der von Einstein erhofften Antwort Ostwalds.
2 Eduard Riecke (1845–1915) war Direktor am physikalischen Institut der Universität Göttingen. Eine Assistentenstelle bei Riecke mit der ausschließlichen Verpflichtung,
Beobachtungen über atmosphärische Elektrizität auszuführen, war für das akademische Jahr 1901/02 ausgeschrieben
(siehe Physikalische Zeitschrift. Jg. 2, 1901, S. 380). Die Kan-
didaten wurden gebeten, einen wissenschaftlichen Lebens-
lauf, die Dissertation und ihre Veröffentlichungen einzurei-
chen.
3 Einstein war überzeugt, daß Weber seine Bewerbung um
eine Assistentenstelle nicht unterstützen würde (siehe den
folgenden Brief und seinen Brief an Marcel Grossmann
vom 14. April 1901 [Edition, Band 1, Dok. 100]). Zweierlei
mag diese Überzeugng Einsteins veranlaßt haben: Die Probleme, die mutmaßlich bei Einsteins Doktorarbeit unter
Webers Anleitung auftraten und der fehlgeschlagene Versuch Einsteins, bei Weber eine Assistentenstelle zu erhalten.
4 Einstein wandte sich am 19. März 1901 an Wilhelm Ostwald
(1853–1932), den Professor für Physikalische Chemie an
der Universität Leipzig mit der Frage, ob dieser »vielleicht
für einen mathematischen Physiker ... Verwendung« hätte
(Edition, Band 1, Dok. 92).
5 Zu dieser Idee mag Einstein durch die Lektüre von *Planck
1900a, 1900b* angeregt worden sein (siehe Briefe 26 und
27). In diesen Aufsätzen behandelt Planck ein homogenes
Dielektrikum als ein Ensemble von identischen geladenen

Resonatoren. In der Abhandlung *Planck 1902* arbeitete er auf der Grundlage dieses Modells eine Theorie der optischen Dispersion aus.

6 Siehe z. B. die Tafel der Elemente, die das Gesetz von Dulong/Petit im Temperaturbereich von 0°–100° C befolgen, in *Wüllner 1896*, S. 615 f. Die meisten der aufgezählten Elemente sind undurchsichtig. Was die Spektren von einigen dieser Elemente betrifft, siehe z. B. *Kayser und Runge 1892 a, 1892 b, 1893* und *Ostwald 1891*, S. 268 f.

7 Einstein hat wohl die spezifischen Wärmen von organischen und anorganischen Substanzen einander gegenübergestellt. Die in *Landolt und Börnstein 1894*, z. B. S. 324–330 und S. 333–338, abgedruckten Tabellen widersprechen seiner Behauptung. Einen Überblick der zeitgenössischen Ergebnisse über die Absorptionsspektren organischer Verbindungen gibt *Ostwald 1891*, S. 465–468.

8 Siehe *Wüllner 1896*, S. 616.

9 Man glaubte, daß die Bandenspektren ihren Ursprung in der komplexen inneren Struktur von Molekülen hätten (siehe z. B. *Ostwald 1891*, S. 262), und sie konnten deshalb mit großen inneren Energien in Verbindung gebracht werden. Was das sogenannte Neumannsche Gesetz betrifft, die Ausdehnung des Gesetzes von Dulong und Petit auf Verbindungen, siehe z. B. *Wüllner 1896*, S. 621 f.

10 In *Winkelmann 1893 a* und *Winkelmann 1896*, S. 351, finden sich Daten, die Einsteins Vermutung bestätigen, sowie eine Erörterung über das Verhältnis zwischen den beobachteten und berechneten Werten der spezifischen Wärme verschiedener Gläser.

11 Maja Einsteins Schuljahr war fast beendet.

12 Die berühmte Axenstraße verläuft zwischen Brunnen und Flüelen entlang der Ostseite des Urnersees, eines Teiles des Vierwaldstätter Sees.

13 Rudolf Einstein (1843–1928) hat seinem Vetter und Schwager Hermann Einstein den Kauf von Konzessionen auf Errichtung und Betrieb von elektrischen Kraftwerken in Canneto sull'Oglio und Isola della Scala finanziert. Er blieb der Hauptgläubiger Hermann Einsteins bis zu dessen Tod am 10. Oktober 1902. Durch Einsteins zweite Ehe mit Elsa Löwenthal, geborene Einstein, wurde »Onkel Rudolf« auch Einsteins Schwiegervater.

14 Wahrscheinlich eine Verschreibung; es muß richtig Otto

Wiener heißen. Siehe Edition, Band 1, Dok. 90. Bei der
»Abhandlung« handelte es sich um *Einstein 1901* (siehe Edition, Band 2, Dok. 1).

Brief 25

1 Datiert aufgrund des Hinweises auf Bessos geplante Rückkehr nach Mailand und des Hinweises in Brief 26 auf diese Rückkehr.

2 Die Assistentenstelle bei Eduard Riecke, um die sich Einstein beworben hatte, wurde erst im April 1902 besetzt.

3 Einstein hatte vermutlich von Anfang an wenig Aussicht, Rieckes Assistent zu werden, da Promotion verlangt war (vgl. den vorausgehenden Brief, Anmerkung 2). Bei der erwähnten zweiten Stelle kann es sich um diejenige gehandelt haben, die mit Johannes Stark (1874–1957) im April 1901 wiederbesetzt wurde.

4 Jost Winteler (1846–1929), der an der Aargauer Kantonsschule unterrichtete, aber niemals Einsteins Lehrer war, wurde später gebeten, Gutachten über Einstein abzugeben (vgl. Brief 21 und Edition, Bd. 1, Dok. 115). Was Einsteins frühere Lehrer in München betraf, dachte er wahrscheinlich an Ferdinand Ruess oder Joseph Zametzer (vgl. Brief 22, Anmerkung 4).

5 Über den Antisemitismus unter den deutschen Physikern vgl. *Jungnickel und McCormmach 1986*, S. 286 f.

6 Bernardo Ansbacher (1845–1914). Die Ansbachers waren enge Freunde der Einsteins in Mailand.

7 Am Istituto Technico Superiore di Milano gab es vier Professoren für Chemie: Pietro Corbetta, Luigi Gabba, Guglielmo Koerner und Angelo Menozzi.

8 Bessos Onkel, Giuseppe Jung (1845–1926).

9 Giovanni Barberis, Direktor der Gesellschaft zur Förderung von Elektrounternehmen in Italien.

10 Eine Stadt südwestlich von Mailand in Piemont.

11 Einsteins Behauptung, daß α/N eine universelle Funktion der Temperatur ist, folgte weder aus den zeitgenössischen Theorien der optischen Dispersion noch stimmte sie mit den Messungen der Lichtabsorption von Metallen überein (vgl. u. a. *Drude 1900b*; einen Überblick gibt *Wien 1908*). Es wurde allgemein angenommen, daß die optischen Parame-

ter der Metalle wie α nahezu unabhängig von der Temperatur sind (vgl. z. B. *Drude 1904*, S. 951; *Koenigsberger 1901*). Da für Metalle das Volumen eine nahezu lineare Funktion der Temperatur ist, folgt die lineare Temperaturabhängigkeit von α/N für ein gegebenes Metall.

12 Mileva kehrte in die Pension Engelbrecht zurück (vgl. den folgenden Brief).

Brief 26

1 Datiert aufgrund der Hinweise auf Besso in diesem und dem vorausgehenden Brief.

2 Vermutlich ist die Abhandlung *Planck 1900a* oder *Planck 1900b* gemeint. Dem folgenden Brief kann man entnehmen, um welche »prinzipiellen Bedenken« es sich handelt.

3 *Drude 1900c, 1900d.* Einsteins spätere Einwände gegen Drudes Theorie gehen aus Brief 35 hervor.

4 In den Aufsätzen *Drude 1900c, 1900d* haben die »elektrischen Kerne« oder »Elektronen«, wie sie Drude auch nennt, nicht notwendigerweise eine schwere Masse. Drude zog es vor, ihnen nur eine elektromagnetische »scheinbare Masse« zuzuschreiben, um zu erklären, warum mit einem elektrischen Strom nur eine vernachlässigbare Masse transportiert wird. Er nahm zwei Arten von Ladungsträgern an mit Ladungen gleicher Größe und umgekehrtem Vorzeichen. Auf der Grundlage der experimentellen Daten schloß Drude, daß die elektrische Leitfähigkeit der negativen Ladungsträger bei weitem die größere der beiden ist.

5 Man beachte, daß Einstein im Brief 24 eine davon verschiedene Vorstellung über das Verhältnis von Wärme und Elektrizität beschrieben hat, die er auf der Reise von Zürich konzipierte.

6 *Einstein 1901* (Edition, Band 2, Dok. 1).

7 Augusto Righi (1850–1920), Physikprofessor an der Universität Bologna; Angelo Battelli (1863–1916), Direktor des Physikalischen Instituts der Universität Pisa.

8 Wahrscheinlich handelte es sich um die bei Richard Koch (1852–1924), dem Direktor des Physikalischen Instituts am Polytechnikum Stuttgart, für das Wintersemester 1901/02 ausgeschriebene Assistentenstelle.

9 Einstein schrieb am 3. April 1901 ein zweites Mal an Wilhelm Ostwald (vgl. die Edition, Band 1, Dok. 95).

10 Mileva zog am 29. März erneut in die Pension Engelbrecht.

Brief 27

1 Datiert aufgrund des Hinweises auf Maja Einsteins kürzliche Ankunft in Mailand. Ihre Schulferien begannen am 6. April.

2 *Ostwald 1893* enthält eine Erörterung über die Theorie der chemischen Reaktionen. Dieses Thema wird auch an anderen Stellen in *Ostwald 1891, 1893* behandelt.

3 In *Planck 1900 a* betrachtete Planck virtuelle Zustandsänderungen, bei denen Energie und Entropie zwischen Resonatoren verschiedener Frequenz übergehen (siehe S. 110–112). Er brauchte Resonatoren von bestimmter Frequenz und Dämpfungskonstante, um Energie- und Entropieübergänge zwischen Strahlen dieser Frequenz (siehe S. 107) zu vermitteln. In *Planck 1900 b* erhielt er einen Ausdruck für die Entropie eines Resonators, in dem er den Energieaustausch in einer Reihe von identischen Resonatoren im Gleichgewichtszustand mit dem Strahlungsfeld betrachtete (siehe § 6). In *Planck 1901* räumte er ein, daß die Kritik an dieser Abhandlung berechtigt ist (siehe S. 555).

4 Einstein bezieht sich wahrscheinlich auf den Aufsatz *Planck 1901*, der im selben Heft der *Annalen der Physik* erschien wie *Einstein 1901* (Edition, Band 2, Dok. 1). Hier betrachtet Planck nur »gleichbeschaffene Resonatoren«. Früher hatte er den Vorschlag gemacht, sein Gesetz der Schwarzen Wärmestrahlung dadurch herzuleiten, daß man eine ganze Reihe von Resonatoren mit verschiedenen Frequenzen betrachtet (siehe *Planck 1900 c*, S. 239–241).

5 Zur zeitgenössischen Diskussion über Magnetismus und Elektronentheorie siehe z. B. *Lang 1900* und *Voigt 1902*.

6 Julie Ansbacher (1845–1933), eine enge Freundin von Einsteins Mutter in Mailand. Frau Ansbachers Schwester und Nichte waren zu Besuch.

7 Am gleichen 10. April 1901 schrieb Einsteins Schwester an Pauline Winteler: »Ich vertrage mich keine Minute mit Albert, u. da ich immer den kürzeren ziehe, weil ich es im

Spotten nicht so weit gebracht habe, bleibt mir nichts übrig, als ihm auszuweichen.«

Brief 28

1 Datiert aufgrund der Mitteilung Einsteins, daß er »vorgestern Abend« ein Schreiben Marcel Grossmanns über eine mögliche Anstellung am Schweizer Patentamt erhalten habe.

2 Jakob Rebstein (1868–1951), Mathematikprofessor am Technikum Winterthur, einer kantonalen höheren Schule, wurde vom Direktor des Technikums gebeten, einen Vertreter für die Zeit seiner Wehrübung zu finden.

3 Man vergleiche die Edition, Band 1, Dok. 100, Anm. 2 auf Seite 291. Der Vater von Einsteins Freund Marcel Grossmann hatte Einstein einem alten Freund und Kollegen empfohlen, der jetzt als Direktor des Patentamtes in Bern wirkte.

4 Siehe Edition, Band 1, Dok. 100.

5 Einstein und Marić hörten Albin Herzogs Vorlesung über Mechanik im Wintersemester 1896/97. Rebstein war Assistent von 1893 bis 1898.

6 Siehe Edition, Band 1, Dok. 100.

7 Siehe z. B. *Boltzmann 1896,* III. Abschnitt, und *Kirchhoff 1894,* 16. und 17. Vorlesung.

8 Siehe *Einstein 1901* (Edition, Band 2, Dok. 1), S. 515 und den Kommentar »Einstein on Molecular Forces« in der Edition, Band 1, S. 264 ff.

9 Die Abweichungen vom Gesetz für ideale Gase, die auf die endliche Größe der Moleküle und die intermolekularen Kräfte zurückzuführen sind, werden z. B. in *Boltzmann 1898,* I. Abschnitt »Grundzüge der Theorie van der Waals'« diskutiert. Die Schwierigkeiten, die bei der Berechnung der Abweichungen wegen der endlichen Größe der Moleküle auftreten, werden im I. Abschnitt, § 6, und V. Abschnitt, §§ 52–55, behandelt.

10 Siehe in der Edition, Band 1, den Kommentar »Einstein on Molecular Forces«, S. 264 ff. Die Bemerkung über das »Gesetz des Radius« bezieht sich wahrscheinlich auf die Funktion φ (r).

11 Die Vereinfachungen, die von der Annahme unendlicher

Verdünnung der Salzlösung herrühren, werden z. B. in *Ost-wald 1891*, S. 780, diskutiert. Einstein wandte in *Einstein 1902 a* (Edition, Band 2, Dok. 2) seine Theorie der Molekularkräfte auf vollständig dissoziierte Salzlösungen an. In dieser Abhandlung werden nur die Kräfte zwischen den Molekülen des Lösungsmittels und gelösten Ionen betrachtet.

12 T ist die Temperatur und γ die Oberflächenspannung (die Ableitung sollte nach T erfolgen). Der Zähler,»die gesamte Energie, welche zur Bildung der Einheit der Oberfläche nötig ist« (Einstein 1901, S. 514, Edition, Band 2, Dok. 1) ist der potentiellen Energie pro Volumeneinheit der Flüssigkeit (»Volumenenergie«) proportional; der Proportionalitätsfaktor hängt von zwei Konstanten ab, die ihrerseits von dem »Wirkungsgesetz« φ (r) abhängen.

13 *Kirchhoff 1894.*

14 *Bernstein 1853–1857.* Einstein erhielt ein Exemplar dieser Buchreihe von Max Talmey (siehe *Talmey 1932*, S. 162).

15 Der Simplon, ein 2005 m hoher Paß, verbindet Brig im Kanton Wallis und Iselle in Italien. Die Bauarbeiten am ersten Simplon-Tunnel, die Ende 1898 begannen, zogen viele Touristen an.

Brief 29

1 Datiert aufgrund des Hinweises auf Einsteins Ernennung in Winterthur und durch die Erwähnung des vorliegenden Briefes in Brief 31 (»Heute bekam ich Dein liebes Brieferl«).

2 Die Stadt Como liegt in Italien am Südende des Comer Sees in der Nähe der Schweizer Grenzstation Chiasso. In Milevas Brief an Helene Savić vom Mai 1901 findet man eine Beschreibung dieser Reise (Edition, Band 1, Dok. 110), die in Como begann.

3 Mileva suchte damals eine Stellung an einer höheren Schule (siehe Edition, Band 1, Dok. 87).

4 Der Schuldirektor ersuchte am 24. April die Erziehungsdirektion, Einstein zu ernennen. Einstein wurde die Entscheidung am 3. Mai mitgeteilt (siehe Edition, Band 1, Dok. 104).

5 *Boltzmann 1896, 1898.*

6 *Meyer 1895, 1899. Boltzmann 1896*, S. 85, 88 zitiert die erste Auflage, *Meyer 1877*, mit den Angaben über innere Reibung und Wärmeleitung.

7 Der Begriff »strahlende Raumenergie im Gleichgewichtszustand« bezieht sich auf die Schwarze Strahlung (die Ausdrücke »Raumenergie« und »Strahlungsenergie« finden sich in *Ostwald 1893*, S. 12 und S. 1006). *Planck 1900b*, S. 723 f. bemerkt, daß die Temperatur sowohl die »mittlere lebendige Kraft der Moleküle« wie die Strahlungsintensität bestimmt.

8 Die Unterschiede zwischen den Bahnen sich stoßender Moleküle, die als Kraftzentren behandelt werden, und den Bahnen von als elastische Kugeln aufgefaßten Molekülen werden in *Boltzmann 1896*, S. 161, diskutiert.

Brief 30

1 Datiert aufgrund des Hinweises auf diesen Brief im folgenden Brief 31.

Brief 31

1 Datiert aufgrund des Hinweises auf den bevorstehenden Ausflug mit Albert.

2 Brief 29.

3 Brief 30.

Brief 32

1 Datiert aufgrund des Hinweises auf Einsteins Ankunft in Winterthur.

2 Beide Hotels befinden sich in der Nähe des Hauptbahnhofs Zürich.

3 Ernst Maier (1873–1916), der Sohn von Gustav Maier (1844–1923), war bei der Amgun Gold Company angestellt.

4 Ernst Amberg (1871–1952) war Assistent bei den Professoren Adolf Hurwitz und Carl Friedrich Geiser (1843–1934). Einstein nahm während seines ersten Jahres am Polytechni-

kum dreimal bei Amberg am Repetitorium teil (siehe Edition, Band 1, Anhang E).

5 Hans Wohlwend (1878–1962) war ein Schulfreund aus der Aargauer Kantonsschule und bei den Gebrüdern Volkart angestellt, einer großen Import-Export-Firma.

6 Maria Wachter (1862–1933).

7 Grossmann lebte bei seinen Eltern in Thalwil, Kanton Zürich, Alte Landstraße 156.

Brief 33

1 Datiert aufgrund der Annahme, daß dieser Brief geschrieben wurde, kurz nachdem Einstein seine Stellung in Winterthur angetreten hatte.

2 Der Brief ist auf die Rückseite eines leeren Rechnungsformulares geschrieben.

3 Mileva Marić arbeitete an ihrer Diplomarbeit und Doktorarbeit unter Anleitung von Prof. Weber (siehe Brief 21, Anm. 4).

4 Gustav Weber (1858–1913) war Professor der Elektrotechnik am Technikum in Winterthur.

5 *Einstein 1901* (Edition, Band 2, Dok. 1).

Brief 34

1 Datiert aufgrund des Hinweises auf den vorausgehenden Brief.

Brief 35

1 Datiert aufgrund der Hinweise auf Einsteins Schreiben an Drude in diesem Brief und in Brief 37.

2 Eine Erörterung, um welche Einwände Einsteins gegen die Theorie Drudes es sich gehandelt haben kann, siehe Edition, Band 1, Kommentar der Herausgeber »Einstein on Thermal, Electrical and Radiation Phenomena«, S. 235 ff.

1 Datiert in der Annahme, daß der Brief gleich nach Pfingstmontag geschrieben wurde (siehe Anmerkung 4).
2 Die Publikation *Lenard 1900,* in der Lenard den photoelektri-
schen Effekt untersuchte. Er fand Beweise für das Vorhandensein elektrischer »Quanten« im Vakuum. Sie gehen von
der Metallelektrode aus, wenn man diese mit ultraviolettem
Licht bestrahlt.
3 Mileva war schwanger und gebar, wahrscheinlich im Januar
1902, eine Tochter, die in den Briefen meist »Lieserl« genannt wird (siehe Brief 49).
4 Gemeint ist wahrscheinlich der Pfingstmontag, ein Feiertag.
5 Bei dem betreffenden Aufsatz in den *Annalen der Physik* handelt es sich wahrscheinlich um *Reinganum 1900.* Max Reinganum (1876–1914) war kein Niederländer, jedoch ist sein
Aufsatz »Leiden, Mai 1900« datiert. Es ist der einzige Aufsatz
über Elektronentheorie der Metalle in dem Heft der *Annalen
der Physik,* in dem auch Lenards Aufsatz erschien. Unter
Benutzung des Gleichverteilungssatzes erhielt Reinganum einen Ausdruck für das Verhältnis der Wärmeleitfähigkeit
und der elektrischen Leitfähigkeit, der dem in *Drude 1900 c*
angegebenen gleichwertig war, der aber noch genauer ausge-
wertet werden konnte. Reinganums Ergebnis stimmte mit
dem Experiment gut überein.
6 Siehe *Weber 1881,* S. 472 ff.
7 *Heine 1881* zitiert *Weber 1881* auf S. 307.
8 Bessos Vater Giuseppe war Direktor der Assicurazioni Gene-
rali in Triest.

Brief 37

1 Datiert aufgrund der Hinweise in diesem und dem vorausgehenden Brief auf den Besuch Wohlwends bei Wintelers.
2 Hans Byland (1878–1949) war Klassenkamerad Einsteins an
der Kantonsschule in Aarau.
3 Ende Juli 1901 unterzog sich Mileva noch einmal der Schlußdiplomprüfung am Polytechnikum.
4 Wahrscheinlich ein Hinweis auf Marie Barthels (1865–1945),
die manchmal Einstein und Wohlwend am Klavier begleitete.

Brief 38

1 Datiert aufgrund der Hinweise auf Drudes Antwortschrei-
ben in diesem Brief und einem weiteren Brief Einsteins an
Jost Winteler (siehe Edition, Band 1, Dok. 115).
2 Wahrscheinlich von einem Besuch bei der Familie von Hans
Wohlwend. Einstein musizierte oft mit Wohlwend, dessen
Mutter und Schwester.
3 Einsteins Bemerkungen über seine Dissertation in Brief 46
lassen vermuten, daß diese (später von der Universität Zürich
zurückgewiesene) Arbeit Kritik an Drudes Theorie enthielt.
4 Michele Bessos Vater Giuseppe. Er hatte lange unter Gicht
gelitten und starb am 1. Oktober an Komplikationen.
5 Heinrich Langsdorf (1834–1901) war Direktor der Schweizerischen Unfallversicherungs-Aktiengesellschaft. Früher
hatte er Mathematik und Physik am Technikum Winterthur
unterrichtet und war Direktor dieser Lehranstalt gewesen.

Brief 39

1 Datiert in der Annahme, daß dieser Brief eine Antwort auf
Brief 38 ist.
2 Zorka Marić.

Brief 40

1 Datiert aufgrund des Hinweises auf Milevas bevorstehendes
Diplomexamen.
2 Friedrich Haller (1844–1936), der Direktor des »Eidgenössischen Amtes für Geistiges Eigentum« in Bern.
3 Die Stellen am Patentamt wurden als »administrative« und
»technische« unterschieden. Im Schweizerischen Bundesblatt 53, Nr. 27, S. 922 vom 3. Juli 1901 war eine Stelle als
»administrativer Adjunkt« ausgeschrieben mit einer Bewerbungsfrist bis zum 22. Juli 1901.
4 Ein Paß (1949 m) im Kanton Uri.
5 Wahrscheinlich im Vergleich zu den Kosten eines Ausfluges
zum Simplon (siehe Brief 28).
6 *Einstein 1901* (Edition, Band 2, Dok. 1).

7 Wahrscheinlich ein Hinweis auf einen Besuch der Familie von Jacob Koch.

Brief 41

1 Datiert aufgrund des Hinweises auf Milevas bevorstehende Heimreise nach dem Mißerfolg beim Diplomexamen.
2 Auguste Buček (1873–?), eine Medizinstudentin, kehrte in ihre kroatische Heimat zurück. Sie hatte Mileva wahrscheinlich in der Pension Bächtold kennengelernt, wo sie beide wohnten.
3 Die Hauptstadt des Kantons Zug.
4 Es gab eine freie Lehrstelle für mathematisch-technische Fächer an der Industrieabteilung der Thurgauer Kantonsschule in Frauenfeld. Die Bewerbungsfrist lief bis zum 27. Juli.

Brief 42

1 Datiert durch die Poststempel auf dem Briefpapier »Schaffhausen, 31. X. 01. XII.« Auf dem Brief ist von Einsteins Hand geschrieben: »Fräulein Mileva Marić, Stein am Rhein, Hotel Steinerhof«.
2 Einstein hatte eine Teilzeit-Lehrstelle an einem privaten Internat in Schaffhausen, wo er auch wohnte. Mileva kam vom elterlichen Heim nach Stein am Rhein, etwa 20 km östlich von Schaffhausen, aber blieb dort nur kurze Zeit.
3 Mileva mag sich hier auf Alfred Kleiners Reaktion auf die beiden Arbeiten Einsteins bezogen haben, die dieser dem Züricher Professor vorgelegt hatte (siehe den folgenden Brief).
4 Mileva war über einen Brief aufgebracht, den Einsteins Eltern an die ihren gesandt hatten (siehe Edition, Band 1, Dok. 125). Die davon ausgelösten Auseinandersetzungen mit ihren Eltern mögen der Anlaß für ihren Entschluß gewesen sein, Einstein zu besuchen.
5 Ernst Eckstein: Der Besuch im Carcer. Humoreske. Leipzig: Hartknoch, 1875.
6 August Forel (1848–1931) war Direktor der Burghölzli-Klinik in Zürich. Bei dem Buch handelt es sich wahrscheinlich

197

um August Forel: Der Hypnotismus. Seine psycho-physiologische, medizinische, strafrechtliche Bedeutung und seine Handhabung. 2. Aufl. Stuttgart: Enke, 1891.
7 Wahrscheinlich ein Hinweis auf Max Planck: Vorlesungen über Thermodynamik. Leipzig: Veit, 1897.

Brief 43

1 Datiert aufgrund des Hinweises auf den Jahrmarkt in Schaffhausen.
2 Einstein wohnte zuerst in der Privatschule in Schaffhausen, Fulachstraße 22, wo er auch unterrichtete (siehe Edition, Band 1, Dok. 122).
3 Der St. Martins-Markt fand am 12. November statt.
4 Das Gebäude in Schaffhausen, Fulachstraße 6, in dem Einstein Ende 1901 wohnte, hatte einen Turm (siehe Bild 9).
5 Bei den erwähnten beiden Arbeiten handelte es sich wahrscheinlich um die Dissertation, die er offiziell am 23. November 1901 an der Universität Zürich einreichte (siehe Edition, Band 1, Dok. 132) und um eine frühe Fassung von *Einstein 1902b* (Edition, Band 2, Dok. 3), siehe auch Edition, Band 1, Dok. 122, insbesondere Anmerkung 5.
6 Siehe die Edition, Band 1, Dok. 125.
7 Helene Savić kam am 28. Oktober mit einer Tochter, Julka, nieder.
8 Mileva hatte im Wintersemester 1896/97 die Vorlesung »Grundriß der Psychologie« von Prof. August Stadler (1850– 1910) besucht.

Brief 44

1 Datiert aufgrund der Bemerkung über den Kammermusikabend in Schaffhausen.
2 Im Jahre 1900 hatte Milevas Vater Miloš Marić ein Haus in Neusatz (Novi Sad) gekauft, das die Familie im Winter bewohnte.
3 Einstein hatte bei Cäcilia (1872–1962) und Carl Baumer (1874–1955) in der Fulachstraße 6 ein Zimmer gemietet.
4 Seit April 1901 hoffte Einstein, eine Anstellung am Schweizer Patentamt zu erhalten (siehe Edition, Band 1, Dok. 100). Wie

bei den meisten Behörden mußte die Stelle ausgeschrieben werden, bevor eine Anstellung erfolgen konnte.

5 *Voigt 1895, 1896.*

6 Hedwig Bendel von der Realschule in Schaffhausen und Curt Herold vom örtlichen Imthurneum spielten Stücke von Mozart, Brahms und Beethoven.

7 Die eingereichte Dissertation behandelte die Molekularkräfte in Gasen (siehe Edition, Band 1, Dok. 125).

Brief 45

1 Datiert aufgrund der Erwähnung des Abonnementskonzertes.

2 Einstein bereitete Louis Cahen (1882–?) auf das Abitur vor. Dessen Mutter war gegen den Plan, die Studien mit ihm in Bern fortzusetzen.

3 Jakob Nüesch (1845–1915) unterrichtete Mathematik an der Realschule in Schaffhausen und leitete sein eigenes Internat, die »Lehr- und Erziehungsanstalt Jakob Nüesch«. Für dieses Internat verpflichtete er Einstein.

4 Bertha Nüesch (1847–1917).

5 Die Nüeschs hatten vier Kinder.

6 Das zweite Abonnementskonzert der Saison.

7 Einsteins Studienfreund Marcel Grossmann (1878–1936).

8 Miloš Marić war pensionierter mittlerer Beamter.

9 Über die Wärmetönung bei der Mischung von Salzlösungen, siehe z.B. *Ostwald 1891*, S. 179 ff., und *Nernst 1898*, S. 557–561.

10 Siehe *Einstein 1901* (Edition, Band 2, Dok. 1) und Edition, Band 1, Kommentar der Herausgeber »Einstein on Molecular Forces«, S. 264 ff.

11 Die Proportionalität zwischen c und dem Molekularvolumen kann, wie folgt, abgeleitet werden: Wenn bei der Mischung zweier neutraler Flüssigkeiten keine Wärme entsteht (siehe Anm. 9) und keine äußere Arbeit geleistet wird, dann bleibt die innere Energie des aus den beiden Flüssigkeiten gebildeten Systems unverändert. Wenn die beiden Flüssigkeiten vor der Mischung die gleiche Temperatur besaßen, bleibt die innere kinetische Energie (»Wärmeinhalt«, siehe Edition, Band 1, Dok. 37, Anm. 34) gleich. Des-

halb ändert sich auch die innere potentielle Energie nicht. Einsteins Formel für die innere potentielle Energie pro Volumeneinheit einer Flüssigkeit (siehe *Einstein 1901*, S. 516, Edition, Band 2, Dok. 1), angewandt auf dieses System vor und nach der Mischung, ergibt die Proportionalität für die beiden Flüssigkeiten.

12 Wahrscheinlich ein Hinweis auf die Theorie von van der Waals, die häufig mit diesen Ausdrücken charakterisiert wurde (siehe z. B. *Nernst 1898*, S. 214 ff.). Einsteins Gesetz für die Molekularkräfte setzt voraus, daß a, die Konstante im Zusatzglied a/v² zum Druck in der von der Waalsschen allgemeinen Ausgleichung (abgeleitet z. B. in *Boltzmann 1898*, § 23), dem Quadrat des Einsteinschen c proportional ist. Einsteins Schluß auf die Proportionalität von c und v zeigt dann, daß a/v² unabhängig von v ist.

13 Wahrscheinlich *Ostwald 1891* und *Landolt und Börnstein 1894*.

Brief 46

1 Datiert aufgrund des Hinweises in diesem und dem folgenden Brief auf Einsteins Besuch bei Professor Alfred Kleiner in Zürich.

2 Einstein hatte insbesondere Schopenhauers »Aphorismen zur Lebensweisheit« aus den *Parerga und Paralipomena* gelesen (siehe Edition, Band 1, Dok. 122). Je mehr der Mensch die Quelle seiner Freuden in sich selbst finde, heißt es hier, desto glücklicher werde er sein. Zeitlebens war Einstein von dem Philosophen Arthur Schopenhauer (1788–1860) stark beeinflußt. Man vergleiche Friedrich Herneck: Einstein und sein Weltbild. Berlin 1976 (hier S. 199–210 der Aufsatz »Einstein und Schopenhauer«; Anm. des dt. Herausgebers).

3 Carl Baumer, Einsteins früherer Vermieter, unterrichtete Naturwissenschaften an der Realschule in Schaffhausen.

4 Es kann sich um das Restaurant »Cardinal« in der Bahnhofstraße 102 gehandelt haben, in das Einstein gezogen war (siehe *Schneider 1965*).

5 Einstein mag Einwände gegen Drudes Elektronentheorie der Metalle in seine Dissertation aufgenommen haben. Siehe die Erwähnung seiner Einwände in Brief 37 und Edition, Band 1, Dok. 115.

Brief 47

1 Datiert aufgrund von Milevas 26. Geburtstag am 19. Dezember. Einstein hat sich um einen Tag geirrt.
2 Einstein erhielt damals den Doktorgrad nicht (siehe Edition, Band 1, Dok. 132), sondern erst vier Jahre später. Die zweite Dissertation, *Einstein 1905 a* (Edition, Band 2, Dok. 15), ist Marcel Grossmann gewidmet.
3 Wahrscheinlich ein Hinweis auf die Doktorarbeit, die Einstein am 23. November offiziell einreichte (Edition, Band 1, Dok. 132).
4 Wahrscheinlich ein Hinweis auf die experimentelle Methode, die Bewegung von Materie bezüglich des Äthers zu messen, die in Einsteins Brief an Marcel Grossmann vom 6. September 1902 (Edition, Band 1, Dok. 122) erwähnt wird.

Brief 48

1 Datiert aufgrund der Hinweise in diesem und dem vorausgehenden Brief auf Einsteins Weihnachtsferien mit seiner Schwester.
2 Bei dem Buch handelt es sich wahrscheinlich um Theodor Hoh: Die Stellung der Atomenlehre zur Physik des Aethers. Geschichtlich-physikalische Studie. Bamberg: Gärtner, 1885.
3 *Lorentz 1895* und *Drude 1900 a* behandeln die Elektrodynamik bewegter Körper. Einstein hat später bekundet, daß er, als er die entscheidende Arbeit schrieb (*Einstein 1905 b;* Edition, Band 2, Dok. 14), »nur Lorentz' bedeutendes Werk von 1895, aber nicht Lorentz' spätere Arbeit« kannte (Einstein an Carl Seelig, 19. Februar 1955).
4 Jakob Ehrat (1876–1960) war Assistent am Polytechnikum.
5 Eine scherzhafte Anspielung (wie in Brief 11) auf Professor Wilhelm Fiedler.
6 Die von Fiedler betreute Dissertation Grossmanns trug den Titel »Über die metrischen Eigenschaften kollinearer Gebilde«. Er erhielt seinen Doktorgrad von der Universität Zürich im Jahre 1902.
7 Ehrats Dissertation, betreut von Carl Friedrich Geiser, wurde 1906 von der Universität Zürich angenommen. Einsteins Schreibweise des Namens ist irrtümlich.
8 Einstein reichte seine Dissertation am 23. November 1901 ein.

Brief 49

1 Datiert aufgrund des Hinweises auf Einsteins Inserat im *Anzeiger für die Stadt Bern,* das dort am 5. Februar 1902 erschien (siehe Edition, Band 1, Dok. 135).
2 Mileva gebar – wahrscheinlich im Januar 1902 – eine Tochter.
3 Einstein verließ Schaffhausen mitten im Schuljahr, obwohl er für ein ganzes Jahr angestellt war (siehe Edition, Band 1, Dok. 122 und 133).
4 Siehe Edition, Band 1, Dok. 135.
5 Einsteins Vermieterin, Anna Sievers (1860–1912).

Brief 50

1 Datiert aufgrund des Hinweises auf Einsteins Schüler.
2 Eine Vorlesung über »Gerichtliche Medizin« wurde an der Universität Bern im Wintersemester 1901/02 von Karl Emmert (1813–1903) gehalten, dem Professor für Volksgesundheit. Das Repetitorium zur Vorlesung fand am Samstag statt.
3 Hans Frösch (1877–1938), der an der Universität Bern Medizin studierte, war Hörer dieser Vorlesung. Er und Einstein waren Klassenkameraden an der Aargauer Kantonsschule.
4 August Forel: *Der Hypnotismus. Seine psycho-physiologische, medizinische, strafrechtliche Bedeutung und seine Handhabung.* 2. Aufl. Stuttgart: Enke, 1891 (siehe auch Briefe 42 und 43).
5 *Boltzmann 1896, 1898.* Die beiden Arbeiten, die Einstein bei Kleiner einreichte, benutzten wahrscheinlich Stoff aus diesen Werken. *Kayser 1930,* S. 69, sagt, daß Kleiner Einsteins Arbeit über die kinetische Gastheorie ablehnte, weil er darin Boltzmann »scharf kritisierte«.
6 Einstein hatte bereits brieflichen Kontakt mit Boltzmann aufgenommen (siehe Edition, Band 1, Dok. 85). Einsteins Schwester zufolge korrespondierte er mit Boltzmann bis zu dessen Tod 1906 (siehe *Winteler-Einstein 1924,* S. 18).
7 Wahrscheinlich *Mach 1896* oder *Mach 1897* (siehe Brief 10, Anm. 4).

Brief 51

1 Datiert aufgrund der Hinweise in diesem und dem vorausgehenden Brief auf Habicht und Frösch.
2 Aus dem Märchen »Die sieben Schwaben« der Gebrüder Grimm.
3 Einstein konnte erst am 23. Juni 1902 seine Stellung am »Eidgenössischen Amt für Geistiges Eigentum« antreten.
4 Eine Voraussetzung war: »Gründliche Hochschulbildung in mechanisch-technischer oder speciell physikalischer Richtung«.

Brief 52

1 Datiert aufgrund von Einsteins Anstellung und der Annahme, daß er seine Stellung am Montag, den 23. Juni, angetreten hat.
2 Maurice (oder Moritz) Solovine (1875–1958) war Student an der Universität Bern. Er gründete mit Einstein einen Diskussionskreis, kurz nachdem er ihn in den Osterferien 1902 kennengelernt hatte (siehe *Solovine 1956,* S. VI). Die Mitglieder des Kreises nannten sich scherzhaft die »Akademie Olympia«.
3 Wahrscheinlich ist Carl Baumer gemeint.
4 Der Beatenberg erhebt sich südöstlich von Thun am Nordufer des Thuner Sees. Die Stadt Thun liegt im Berner Oberland, 25 km südöstlich von Bern. Sie pflegten am Morgen um sechs aufzubrechen, um Mittag anzukommen, nach dem Essen den Nachmittag an den Ufern des Thuner Sees zu verbringen und am Abend mit dem Zug zurückzukehren (siehe *Solovine 1956,* S. XII–XIII).
5 Einstein war am 16. Juni 1902 provisorisch zum Technischen Experten 3. Klasse am Schweizer Patentamt ernannt worden (siehe Edition, Band 1, Dok. 141).

Brief 53

1 Bezieht sich wahrscheinlich auf den Beginn einer Schwangerschaft. Siehe den folgenden Brief.

1 Datiert aufgrund des Hinweises auf die Abwesenheit Milevas (siehe den vorausgehenden Brief).
2 Ein Sohn, Hans Albert, wurde am 14. Mai 1904 geboren.
3 Dies kann sich auf die Absicht der Eltern beziehen, das Kind zur Adoption wegzugeben. Ein halbes Jahr zuvor hatte sich Mileva nach Dozentenstellen für sich und für ihren Mann in Belgrad erkundigt, wahrscheinlich in der Absicht, das Kind selbst aufzuziehen (siehe Mileva Einstein-Marić an Helene Savić, ca. 20. März 1903).
4 Wahrscheinlich rechnete Einstein damit, seine Mutter finanziell unterstützen zu müssen, um ihr zu ermöglichen, die nach dem Zusammenbruch der Firma entstandenen Schulden zu tilgen.
5 Hermann Oberlin (1857–1928), Technischer Experte 1. Klasse, wurde im Schweizer Patentamt am 2. Oktober 1903 zum Technischen Adjunkten ernannt.
6 Luigi Ansbacher. Er verließ Hechingen am 19. September (siehe Pauline Einstein an Paul Winteler, 20. September 1903).

Literatur

Abraham 1898: Abraham, Max. »Die electrischen Schwingungen um einen stabförmigen Leiter, behandelt nach der Maxwell'schen Theorie.« *Annalen der Physik und Chemie* 66, 1898, S. 435–472.

Bernstein 1853–1857: Bernstein, Aaron. *Aus dem Reiche der Naturwissenschaft. Für Jedermann aus dem Volke.* 12 Bde. Berlin: Besser, 1853–1857. Neuauflage als *Naturwissenschaftliche Volksbücher.* 20 Bde. Berlin: Duncker, 1867–1869.

Boltzmann 1896: Boltzmann, Ludwig. *Vorlesungen über Gastheorie. I. Theil. Theorie der Gase mit einatomigen Molekülen, deren Dimensionen gegen die mittlere Weglänge verschwinden.* Leipzig: Barth, 1896.

Boltzmann 1898: –. *Vorlesungen über Gastheorie. II. Theil. Theorie Van der Waals'; Gase mit zusammengesetzten Molekülen; Gasdissociation; Schlußbemerkungen.* Leipzig: Barth, 1898.

Braun 1893: Braun, Ferdinand. »Thermoelektricität.« In: *Winkelmann 1893 b,* S. 387–410.

Byran 1903: Byran, George Hartley. »Allgemeine Grundlegung der Thermodynamik.« In *Encyklopädie der mathematischen Wissenschaften. Mit Einschluß ihrer Anwendungen.* Fünfter Band. Erster Teil. Redigiert von Arnold Sommerfeld. Leipzig: Teubner, 1903–1921, S. 71–160.

Drude 1894: Drude, Paul. *Physik des Aethers auf elektromagnetischer Grundlage.* Stuttgart: Enke, 1894.

Drude 1900a: –. *Lehrbuch der Optik.* Leipzig: Hirzel, 1900.

Drude 1900b: –. »Zur Ionentheorie der Metalle.« *Physikalische Zeitschrift* 1, 1900, S. 161–165.

Drude 1900c: –. »Zur Elektronentheorie der Metalle. I. Teil.« *Annalen der Physik* 1, 1900, S. 566–613.

Drude 1900d: –. »Zur Elektronentheorie der Metalle. II. Teil.« *Annalen der Physik* 3, 1900, S. 369–402.

Drude 1904: –. »Optische Eigenschaften und Elektronentheorie. II. Teil.« *Annalen der Physik* 14, 1904, S. 936–961.

Einstein 1901: Einstein, Albert. »Folgerungen aus den Capillaritätserscheinungen.« *Annalen der Physik* 4, 1901, S. 513–523.

Einstein 1902a: –. »Ueber die thermodynamische Theorie der

Potentialdifferenz zwischen Metallen und vollständig dissoci-
irten Lösungen ihrer Salze und über eine elektrische Methode zur Erforschung der Molecularkräfte.« *Annalen der
Physik* 8, 1902, S. 798–814.

Einstein 1902 b: –. »Kinetische Theorie des Wärmegleichgewich-
tes und des zweiten Hauptsatzes der Thermodynamik.« *Annalen der Physik* 9, 1902, S. 417–433.

Einstein 1905 a: –. Eine neue Bestimmung der Moleküldimensionen.
Bern: Wyss, 1905.

Einstein 1905 b: –. »Zur Elektrodynamik bewegter Körper.« *Annalen der Physik* 17, 1905, S. 891–921.

Einstein 1955: –. »Erinnerungen – Souvenirs.« *Schweizerische
Hochschulzeitung* 28 (Sonderheft), 1955, S. 145–153. Nach-
druck als »Autobiograpische Skizze«, in: *Helle Zeit – dunkle
Zeit. In memoriam Albert Einstein.* Carl Seelig, Hrsg., S. 9–17.
Zürich: Europa, 1956.

Einstein/Besso 1972: Einstein, Albert, und Besso, Michele. *Corre-
spondance 1903–1955.* Traduction, notes et introduction de
Pierre Speziali. Paris: Hermann, 1972.

Fizeau 1851: Fizeau, Hippolyte. »Sur les hypothèses relatives à
l'éther lumineux, et sur une expérience qui parait démontrer
que le mouvement des corps change la vitesse avec laquelle la
lumière se propage dans leur intérieur.« *Académie des sciences*
(Paris). *Comptes rendus* 33, 1851, S. 349–355.

Heine 1878: Heine, Eduard. *Handbuch der Kugelfunctionen, Theorie und Anwendungen.* Band 1, *Theorie der Kugelfunctionen und
der verwandten Functionen.* 2. umgearb. Aufl. Berlin: Reimer,
1878.

*Heine 1881: –. Handbuch der Kugelfunctionen, Theorie und Anwen-
dungen.* Band 2, *Anwendungen der Kugelfunctionen und der
verwandten Functionen.* 2. umgearb. Aufl. Berlin: Reimer,
1881.

Helmholtz 1881: Helmholtz, Hermann von. »Die neuere Entwik-
kelung von Faraday's Ideen über Elektricität.« *Journal of the
Chemical Society* 39, 1881, S. 617–663. Nachdruck: Ders.
»Vorträge und Reden.« Band 2. Braunschweig: Friedrich
Vieweg, 1896. S. 251–291.

Helmholtz 1888: –. »Ueber atmosphärische Bewegungen.« *Königlich Preußische Akademie der Wissenschaften zu Berlin. Sitzungsberichte,* 1888, S. 647–663. Nachdruck in *Helmholtz 1895,*
S. 289–308.

Helmholtz 1889: –. »Ueber atmosphärische Bewegungen. (Zweite

Mitteilung.) Zur Theorie von Wind und Wellen.« *Königlich Preußische Akademie der Wissenschaften zu Berlin. Sitzungsberichte*, 1889, S. 761–780. Nachdruck in *Helmholtz 1895*, S. 309–332.

Helmholtz 1892: –. »Das Prinzip der kleinsten Wirkung in der Elektrodynamik.« *Annalen der Physik und Chemie* 47, 1892, S. 1–26. Nachdruck in *Helmholtz 1895*, S. 476–504.

Helmholtz 1893: –. »Elektromagnetische Theorie der Farbenzerstreuung.« *Annalen der Physik und Chemie* 48, 1893, S. 389–405. Nachdruck in *Helmholtz 1895*, S. 505–525.

Helmholtz 1895: –. Wissenschaftliche Abhandlungen. Band 3. Leipzig: Barth, 1895.

Helmholtz 1897: –. Vorlesungen über die elektromagnetische Theorie des Lichtes. Herausgegeben von Arthur König und Carl Runge. Hamburg und Leipzig: Voss, 1897.

Hertz 1889: Hertz, Heinrich. »Die Kräfte elektrischer Schwingungen, behandelt nach der Maxwell'schen Theorie.« *Annalen der Physik und Chemie* 36, 1889, S. 1–22. Nachdruck in *Hertz 1892*, S. 147–170.

Hertz 1890a: –. »Ueber die Grundgleichungen der Elektrodynamik für ruhende Körper.« *Annalen der Physik und Chemie* 40, 1890, S. 577–624. Nachdruck in *Hertz 1892*, S. 208–255.

Hertz 1890b: –. »Ueber die Grundgleichungen der Elektrodynamik für bewegte Körper.« *Annalen der Physik und Chemie* 41, 1890, S. 369–399. Nachdruck in *Hertz 1892*, S. 256–285.

Hertz 1892: –. Untersuchungen über die Ausbreitung der elektrischen Kraft. Leipzig: Barth, 1892.

Jungnickel und McCormach 1986: Jungnickel, Christa und McCormach, Russell. *Intellectual mastery of Nature: Theoretical Physics from Ohm to Einstein.* Band 2. *The Now Mighty Theoretical Physics 1870–1925.* Chicago: University of Chicago Press, 1986.

Kayser 1930: Kayser, Rudolf [Pseudonym Anton Reiser]. *Albert Einstein: A Biographical Portrait.* New York: Boni, 1930.

Kayser und Runge 1892a: Kayser, Heinrich und Runge, Carl. »Über die Spektren der Elemente. Fünfter Abschnitt. Über die Spektren von Kupfer, Silber und Gold.« *Königlich Preußische Akademie der Wissenschaften zu Berlin. Abhandlungen* (1892).

Kayser und Runge 1892b: –. »Über die Spektren der Elemente.

Sechster Abschnitt. Über die Spektren von Aluminium, Indium und Thallium.« *Königlich Preußische Akademie der Wissenschaften zu Berlin. Abhandlungen* (1892).

Kayser und Runge 1893: —. »Über die Spektren der Elemente. Siebenter Abschnitt. Die Spektren von Zinn, Blei, Arsen, Antimon, Wismuth.« *Königlich Preußische Akademie der Wissenschaften zu Berlin. Abhandlungen* (1893).

Kirchhoff 1894: Kirchhoff, Gustav. *Vorlesungen über mathematische Physik.* Band 4, *Theorie der Wärme.* Herausgegeben von Max Planck. Leipzig: Teubner 1894.

Kirchhoff 1897: —. Vorlesungen über mathematische Physik. Band 1, *Mechanik.* 4. Aufl. Wilhelm Wien, Hrsg. Leipzig: Teubner, 1897.

Koenigsberger 1901: Koenigsberger, Johann Georg. »Ueber die Abhängigkeit der Absorption des Lichtes in festen Körpern von der Temperatur.« *Annalen der Physik* 4, 1901, S. 796–810.

Landolt und Börnstein 1894: Landolt, Hans und Börnstein, Richard. *Physikalisch-chemische Tabellen.* 2. Aufl. Berlin: Springer, 1894.

Lang 1900: Lang, Robert. »Ueber die magnetische Kraft der Atome.« *Annalen der Physik* 2, 1900, S. 483–494.

Lenard 1900: Lenard, Philipp. »Erzeugung von Kathodenstrahlen durch ultraviolettes Licht.« *Annalen der Physik* 2, 1900, S. 359–375.

Lorentz 1895: Lorentz, Hendrik Antoon. *Versuch einer Theorie der elektrischen und optischen Erscheinungen in bewegten Körpern.* Leiden: Brill, 1895.

Mach 1896: Mach, Ernst. *Die Prinzipien der Wärmelehre. Historisch-kritisch entwickelt.* Leipzig: Barth, 1896.

Mach 1897: —. Die Mechanik in ihrer Entwickelung. Historisch-kritisch dargestellt. 3. Aufl. Leipzig: Brockhaus, 1897.

Meyer 1877: Meyer, Oskar Emil. *Die kinetische Theorie der Gase. In elementarer Darstellung mit mathematischen Zusätzen.* Breslau: Maruschke & Berendt, 1877.

Meyer 1895: —. Die kinetische Theorie der Gase. In elementarer Darstellung mit mathematischen Zusätzen. 2. Aufl. Band 1. Breslau: Maruschke & Berendt, 1895.

Meyer 1899: —. Die kinetische Theorie der Gase. In elementarer Darstellung mit mathematischen Zusätzen. 2. Aufl. Band 2. Breslau: Maruschke & Berendt, 1899.

Morf 1863: Morf, Hans. *75 Jahre Eidgenössisches Amt für geistiges*

Eigentum 1888–1963. Jubiläumsschrift. Bern: [Eidgenössisches Amt für geistiges Eigentum], 1963.

Müller-Pouillet 1888–1890: Müller, Johann und Pouillet, Claude Servais. *Lehrbuch der Physik und Meteorologie.* 9. umgearbeitete und vermehrte Auflage von Leopold Pfaundler. Band 3. Braunschweig: Vieweg, 1888–1890.

Nernst 1898: Nernst, Walther. *Theoretische Chemie vom Standpunkte der Avogadroschen Regel und der Thermodynamik.* 2. Aufl. Stuttgart: Enke, 1898.

Ostwald 1891: Ostwald, Wilhelm. *Lehrbuch der allgemeinen Chemie.* Erster Band: *Stöchiometrie.* 2. umgearb. Aufl. Leipzig: Engelmann, 1891.

Ostwald 1893: –. Lehrbuch der allgemeinen Chemie. Zweiten Bandes erster Teil: *Chemische Energie.* 2. umgearb. Aufl. Leipzig: Engelmann, 1893.

Planck 1889: Planck, Max. »Zur Theorie der Thermoelectrizität in metallischen Leitern.« *Annalen der Physik und Chemie* 36, 1889, S. 624–643.

Planck 1897: –. Vorlesungen über Thermodynamik. Leipzig: Veit, 1897.

Planck 1900a: –. »Ueber irreversible Strahlungsvorgänge.« *Annalen der Physik* 1, 1900, S. 69–122.

Planck 1900b: –. »Entropie und Temperatur strahlender Wärme.« *Annalen der Physik* 1, 1900, S. 719–737.

Planck 1900c: – »Zur Theorie des Gesetzes der Energieverteilung im Normalspectrum.« *Deutsche Physikalische Gesellschaft. Verhandlungen* 2, 1900, S. 237–245.

Planck 1901: –. »Ueber das Gesetz der Energieverteilung im Normalspectrum.« *Annalen der Physik* 4, 1901, S. 553–563.

Planck 1902: –. »Zur elektromagnetischen Theorie der Dispersion in isotropen Nichtleitern.« *Königlich Preußische Akademie der Wissenschaften zu Berlin. Sitzungsberichte,* 1902, S. 470–494.

Planck 1958: –. Physikalische Abhandlungen und Vorträge. 3 Bände. Braunschweig: Friedrich Vieweg, 1958.

Reinganum 1900: Reinganum, Max. »Theoretische Bestimmung des Verhältnisses von Wärme- und Elektricitätsleitung der Metalle aus der Drude'schen Elektronentheorie.« *Annalen der Physik* 2, 1900, S. 398–403.

Riecke 1898: Riecke, Eduard. »Zur Theorie des Galvanismus und der Wärme.« *Annalen der Physik und Chemie* 66, 1898, S. 353–389, 545–581.

Schneider 1965: Schneider, Franz. »Albert Einstein in Schaffhausen.« *Schaffhauser Mappe* 33, 1965, S. 25.

Solovine 1956: Solovine, Maurice. Hrsg. und Übers. *Albert Einstein: Lettres à Maurice Solovine.* Paris: Gauthier-Villars, 1956.

Talmey 1932: Talmey, Max. *The Relativity Theory Simplified and the Formative Period of Its Inventor.* New York: Falcon, 1932.

Thomson 1851: Thomson, William. »On a Mechanical Theory of Thermo-Electric Currents«, 15. Dezember 1851. *Proceedings of the Royal Society of Edinburgh* 3, Dezember 1850–April 1857, S. 91–98.

Voigt 1902: Voigt, Woldemar. »Elektronenhypothese und Theorie des Magnetismus.« *Annalen der Physik* 9, 1902, S. 115–146.

Weber 1881: Weber, Heinrich Friedrich. »Die Beziehungen zwischen dem Wärmeleitungsvermögen und dem elektrischen Leitungsvermögen der Metalle.« *Königlich Preußische Akademie der Wissenschaften zu Berlin. Monatsberichte* (für 1880), 1881, S. 457–478.

Wien 1898: Wien, Wilhelm. »Ueber die Fragen, welche die translatorische Bewegung des Lichtäthers betreffen.« *Annalen der Physik und Chemie* 65, Nr. 3, Beilage 1898; S. i–xvii.

Wien 1908: –. »Elektromagnetische Lichttheorie.« In: *Encyklopädie der mathematischen Wissenschaften. Mit Einschluß ihrer Anwendungen.* Fünfter Band. Dritter Teil. Redigiert von Arnold Sommerfeld. Leipzig: Teubner, 1909–1926, S. 95– 198.

Winkelmann 1893 a: Winkelmann, Adolph. »Ueber die specifischen Wärmen verschieden zusammengesetzter Gläser.« *Annalen der Physik und Chemie* 49, 1893, S. 401–420.

Winkelmann 1893 b: Winkelmann, Adolph, Hrsg. *Handbuch der Physik.* Dritter Band. Erste Abtheilung. *Elektricität und Magnetismus I.* Breslau: Trewendt, 1893.

Winkelmann 1896: –. *Handbuch der Physik.* Zweiter Band. Zweite Abtheilung. *Wärme.* Breslau: Trewendt, 1896.

Winteler-Einstein 1924: Winteler-Einstein, Maja. »Albert Einstein. Beitrag für sein Lebensbild.« Maschinenskript. 15. Februar 1924.

Wüllner 1896: Wüllner, Adolph. *Lehrbuch der Experimentalphysik.* 5. verbesserte Aufl. Band 2. *Die Lehre von der Wärme.* Leipzig: Teubner, 1896.

Personenregister

(Albert Einstein und Mileva Einstein-Marić sind nicht aufgenommen, das Literaturverzeichnis ist nicht berücksichtigt.)

Bildnachweis